QUESTIONS SUR LA SHOAH

GÉRARD RABINOVITCH

LES ESSENTIELS MILAN

Sommaire

Les mots suivis d'un astérisque (*) sont expliqués dans le glossaire.

Pas « Pourquoi ? » Mais « Comment ? »

« *Il n'y a pas d'histoire plus difficile à raconter dans toute l'histoire de l'humanité* », avertissait la philosophe Hannah Arendt. « *En elle-même, elle n'offre rien d'autre que peine et désespoir* », ajoutait-elle. Aborder l'« essentiel » sur un tel sujet, comme le titre de la collection le promet à ses lecteurs et y invite l'auteur, fait courir, dans ce cas précis, le risque de ne s'en tenir qu'à l'écume de l'Histoire. Le parti pris de cet ouvrage est donc d'éclairer certaines des interrogations qui sont souvent posées relativement à la Shoah. Celles que tout un chacun, au détour de sa rencontre avec ce sujet, peut concevoir, ou qui lui sont suggérées par des allusions fugaces, des non-dits parlants, des clichés obscurcissants, des évidences évitées. Tenter de répondre à « quelques-unes » de ces interrogations ne dira pas le « pourquoi » de la Shoah, mais donnera juste une indication du « comment ». Répondre au « pourquoi » exigerait que la civilisation ait accompli, au préalable, le travail de reconstruction et établi la distance qui l'assureraient de ne plus sombrer comme elle l'a fait. L'heure du « pourquoi » n'a pas sonné. Sonnera-t-elle jamais ?

Une décision lexicale

Chaque fois que l'on aborde les terres ténébreuses du nazisme, on bute sur la question du langage, de la « décision lexicale ». Les mots ici sont mis au défi à la fois de ne pas bafouer les victimes et d'éclairer, certes faiblement, la nuit dans laquelle on se risque.

« Travailler sur la destruction blesse et souille. Mais le refoulement dans l'inexprimé aveugle et paralyse. »
Benno Müller-Hill, *Science nazie, science de mort*, 1984.

Veiller aux mots employés, aux traces sous-jacentes qui les connotent, voire aussi à leur ordinaire destin de bifurcation dès lors qu'ils passent dans l'usage commun est une façon de ne pas plier l'échine devant la facilité ordinaire de l'imprudence bavarde.
C'est une bataille d'insoumission. C'est pourquoi on opposera le terme de « Shoah » à d'autres désignations : « solution finale », génocide, Holocauste, *Hourban*, judéocide.

Solution finale : balayons tout de suite cette expression qui, même bornée par des guillemets, appartient à la rhétorique de la langue nazie. L'employer, c'est adopter la langue des tueurs.

Génocide : terme construit par le juriste Raphaël Lemkin, en 1944, en écho à la conception « racialiste » du monde affichée par les nazis (du grec *genos*, « race »). Mais il a depuis dérivé vers la désignation de tous les meurtres de masse, en ne consignant plus sous son appellation que le caractère « quantitatif » des massacres.

« Seule une mémoire vivante tient l'homme en état de parole. »
Le Talmud

Holocauste : terme d'origine biblique désignant les pratiques du sacrifice et de l'offrande dans la piété antique. Habité d'une interprétation théologique, ici de substrat chrétien, il transforme en un sacrifice identique à la crucifixion l'extermination de victimes qui n'avaient pas demandé à être sacrifiées. Cette interprétation théologique, en sous-entendant un choix qui n'existe pas, est alors une violence supplémentaire faite aux victimes.

« La vérité entière est beaucoup plus tragique, encore plus terrifiante. »
Zalman Lewenthal, ***Sonderkommando.*** *Les rouleaux d'Auschwitz.*

Hourban **(« destruction ») :** il en va de même avec ce terme, moins connu, au sein du monde ultrareligieux du judaïsme. Il interprète l'extermination à l'égal de la destruction des Temples de Jérusalem. Ce troisième *Hourban* participerait de voies divines dont le sens échappe aux humains.

Judéocide : ce terme a été forgé sur le modèle de « génocide », pour corriger la dérive quantitativiste de celui-ci, par l'historien Arno Meyer dans les années 1980. Il s'inscrit parfaitement dans la distanciation inhérente à la langue savante, tout en désignant exactement ce dont il s'agit. Il réintègre la volonté nazie d'anéantissement du peuple juif et d'effacement de leur présence dans l'histoire humaine. À ce titre, son emploi ne prête à aucune confusion.

Shoah (« catastrophe ») : c'est le terme hébreu qui paraît le plus approprié pour nommer universellement l'« extermination ». D'une part, pris dans le vocabulaire juif, il rend la parole aux principales victimes en puisant dans leur langue originelle. D'autre part, il exprime en même temps que cette catastrophe a aussi atteint la civilisation dans laquelle elle a été rendue possible.
Enfin, « catastrophe » est une notion dépourvue de significations « incluses ». Shoah ne comporte aucun sous-entendu, aucune interprétation. Cette notion exprime le silence après l'effet d'un cataclysme, le vide que taille l'évidence de l'irréversibilité.

Avec le terme « Shoah », ce ne sont plus les Juifs qui font « question », comme exultaient à le penser les antisémites, mais les victimes juives de la Shoah qui posent une question à l'humanité : comment cela a-t-il été possible ?

Carte des camps et des actions des *Einsatzgruppen*

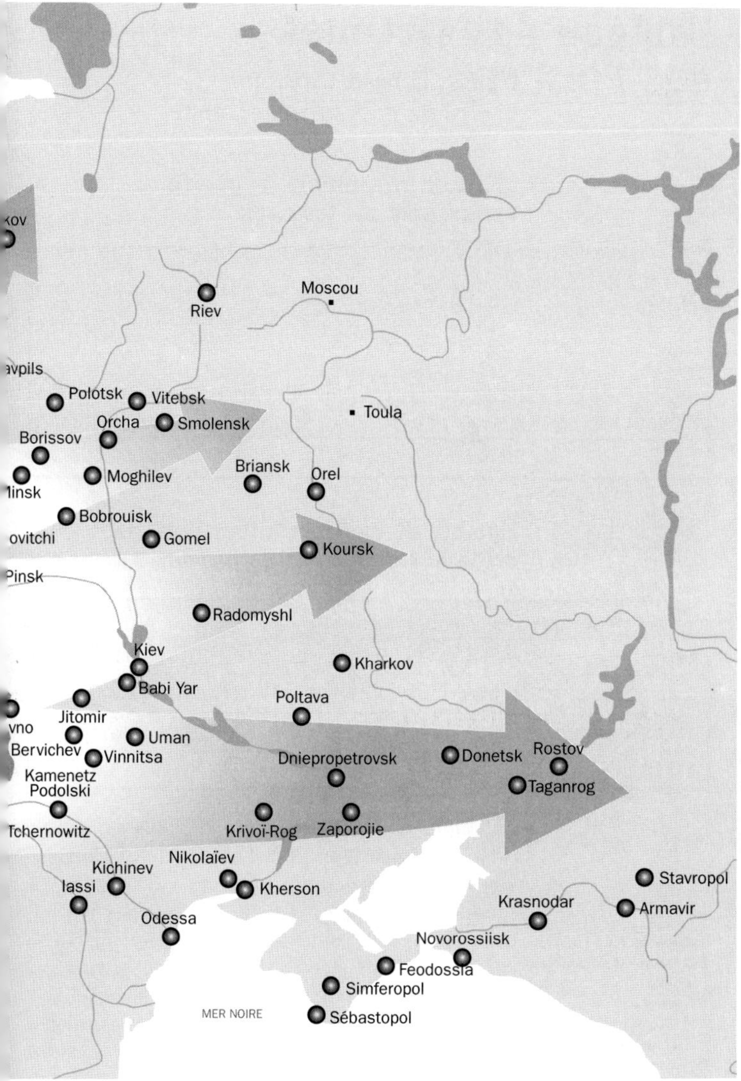

ΚOV
Riev
Moscou
avpils
Polotsk
Vitebsk
Toula
Orcha
Smolensk
Borissov
Briansk
Orel
Moghilev
linsk
Bobrouisk
ovitchi
Gomel
Koursk
Pinsk
Radomyshl
Kiev
Kharkov
Babi Yar
Poltava
Jitomir
vno
Uman
Bervichev
Vinnitsa
Dniepropetrovsk
Donetsk
Rostov
Taganrog
Kamenetz
Podolski
Tchernowitz
Krivoï-Rog
Zaporojie
Nikolaïev
Kichinev
Iassi
Kherson
Stavropol
Krasnodar
Armavir
Odessa
Novorossiisk
Feodossia
Simferopol
MER NOIRE
Sébastopol

Tableau des victimes

D'après la revue *L'Histoire*, hors-série n° 3, octobre 1998.

Civils et prisonniers de guerre exterminés par les nazis

Prisonniers soviétiques	3 500 000
Détenus dans les camps de concentration	1 100 000
Euthanasie des malades mentaux et des handicapés	de 70 000 à 100 000
Tziganes	240 000
Juifs	de 5 100 000 à 5 860 000

Nombre de victimes juives réparties selon la cause du décès (version basse)

Ghettos et privations	800 000
Massacres en dehors des camps (*Einsatzgruppen*)	1 300 000
Camps d'extermination	2 700 000
Autres camps	300 000
TOTAL	5 100 000

Le chiffre emblématique de 6 millions est dû au principal organisateur de la Shoah, Adolf Eichmann. L'évaluation du nombre total des victimes restera soumise à une marge d'erreur. Les archives ont été détruites en partie par les nazis, les frontières ont bougé en 1939 et 1945, les recensements de population n'étaient pas de même fiabilité dans les différents pays impliqués, les archives soviétiques sont peu accessibles, etc. Le chiffre le plus bas va au plus certain, le chiffre le plus haut va au plus probable.

Nombre de victimes juives réparties par pays

	Nombre de morts		Population juive en 1939	% d'exterminés
	selon Hilberg	selon Jäckel		
Allemagne	+ de 120 000	134 500 - 141 500	240 000	50 %
Autriche	+ de 50 000	50 000	60 000	83 %
Belgique	24 000	28 900	90 000	27 %
Bulgarie		0	50 000	
Danemark		60	6 500	
Estonie	2 000	1500 - 2000	4 500	44 %
Finlande		7	2000	
France	75 000	77 320	270 000	28 %
Grèce	60 000	67 000	74 000	81 %
Hongrie	+ de 180 000	550 000 - 569 000	400 000	45 %
Italie	9 000	7 680	50 000	18 %
Lettonie	70 000	70 000-71 500	95 000	74 %
Lituanie	130 000	140 000 - 143 000	145 000	90 %
Luxembourg	– de 1 000	1 950	3 000	33 %
Norvège	– de 1 000	762	2 000	45 %
Pays-Bas	+ de 100 000	100 000	140 000	71 %
Pologne	jusqu'à 3 000 000	2 900 000 - 3 000 000	3 000 000	89,5 %
Roumanie	270 000	271 000 - 287 000	750 000	36 %
Tchécoslovaquie	260 000	224 300 - 227 300	315 000	82,5 %
URSS	+ de 700 000	1 000 000 - 1 100 000	3 020 000	23 %
Yougoslavie	60 000	56 200 - 63 300	75 000	80 %
TOTAL	5 100 000	5 596 000 - 5 860 000	9 142 000	56 %-64 %

Sources :
Hilberg (Raul) *La Destruction des Juifs d'Europe*, Fayard, 1988.
Jäckel (Eberhard), Longerich (P.), Shoeps (J. H.), *Enzyklopädie des Holocaust*, Argon, 1993.

Origine de l'antijudaïsme chrétien

L'antijudaïsme trouve sa source dans des conflits antiques et des rivalités théologiques. L'évangélisation des peuples européens le propage en Occident et transforme les populations juives en « boucs émissaires ».

Profanation du temple de Jérusalem par Pompée et ses soldats, par Jean Fouquet (v. 1420-1480).

À l'origine : une dispute « fraternelle »

Le christianisme constitue un des rameaux de la religion nationale des Hébreux, avec laquelle, en croissant, il rentre en conflit. Le conflit a trait à l'édifice central de la conception hébraïque monothéiste du monde : le don de la Loi, ensemble de prescriptions et d'interdictions établies par un Dieu unique, régissant les comportements des humains afin qu'ils ne se détruisent pas les uns les autres. Il a trait également à l'attente du Messie, guide chargé de venir les aider à établir un monde de paix et de fraternité définitives. Le christianisme naît de la conviction que Jésus est ce Messie attendu (christianisme veut dire littéralement messianisme, le grec *christos* et l'hébreu *machiah* signifiant « oint ») et que la Loi peut être abolie (saint Paul) puisqu'elle est accomplie par l'amour, dont le sacrifice de Jésus est le signe exemplaire. Peu influent parmi les Hébreux, il séduit des populations voisines. Les deux religions, la mère et la fille, vont s'affronter. Dans la même période, elles auront chacune à subir la domination d'un Empire romain païen. Les Juifs, opprimés nationalement, seront contraints à l'exil, chassés de Judée. Les chrétiens, persécutés religieusement, seront accusés de sorcellerie (en raison de leurs réunions nocturnes) ou d'anthropophagie (à cause du rite de la communion) et jetés aux arènes.

> *« Une chose est plus redoutable que les* **"irrégularités du langage"** *décrites par Georges Bataille. Ce sont certaines grandes régularités de langage dans l'Histoire. »*
> **Jean-Pierre Faye,** ***Migrations du récit sur le peuple juif,*** **1974.**

La matrice du discours judéophobe

Les chrétiens, se proclamant le « Vrai Israël », acquerront un avantage définitif sur les judaïsants avec le déplacement du centre de gravité de leur audience vers les peuples païens convertis et la conversion de l'empereur Constantin (mort en 337). Les Juifs subsisteront, mais dans la précarité politique. La « greffe » du conflit politico-théologique entre Juifs et chrétiens sur les populations païennes superficiellement christianisées engendrera une violence meurtrière nourrie de malentendus, de calomnies, de légendes terrifiantes. Le christianisme, en s'hellénisant, récupère la teneur de pamphlets politiques antihébraïques de l'Antiquité polythéiste grecque et latine. Ceux-là serviront de matrice aux accusations antijuives du Moyen Âge. Accusations de meurtres rituels, d'athéisme, de diffusion de la lèpre, etc., déjà relevées par l'historien Flavius Josèphe dans son *Contre Apion* à la fin du premier siècle de l'ère commune.

Installation de la tentation meurtrière

Des accusations alimentées par de nouvelles calomnies (profanations d'hosties, empoisonnements de puits) et des frayeurs primaires (peste noire) ont été parfois condamnées par des papes (Grégoire le Grand, pape de 590 à 604, ou Clément VI, pape de 1342 à 1352), parfois manipulées par d'autres, ainsi que par des ordres missionnaires (dominicains, franciscains). Elles servent la politique d'ostracisme pratiquée à l'encontre des Juifs par l'Église pour les forcer à la conversion (concile de Latran IV*, 1215). Elles entraîneront surtout une succession de massacres de Juifs, lors des croisades (1096), de mouvements collectifs d'exaltation populaire (Pastoureaux, 1251 ; Flagellants, 1348) ou de constitutions de bandes itinérantes de meurtriers (les « Tueurs de Juifs » en Alsace et Franconie, 1336-1339).

> L'antijudaïsme chrétien provient de divergences théologiques bientôt remplacées par un discours chargé de préjugés, de calomnies et de légendes, qui conduit à la haine.

Naissance d'un peuple paria

Sans possibilité de retourner en Judée, les communautés juives dispersées depuis le règne d'Hadrien (117-138) tentent de survivre dans un milieu tantôt accueillant, tantôt hostile. La Révolution française changera la donne.

Une errance subie

Rassemblés autour de la Torah (le Pentateuque), véritable « *patrie portative* », selon la définition du poète Heinrich Heine (1797-1856), et des commentaires de leurs grands érudits sur celle-ci (le Talmud), les Juifs, tout à la fois communauté religieuse et communauté nationale, groupe ethnique et civilisation, erreront en ordre dispersé d'un bout à l'autre de l'Europe. Artisans, marchands, agriculteurs, navigateurs, viticulteurs, médecins, musiciens, savants, financiers, philosophes, diplomates, chefs militaires, conseillers des monarques, ils pratiquent toutes les professions. Du moins tant que les autorités chrétiennes (catholiques, luthériennes, orthodoxes) ne font pas édicter des interdits professionnels, les acculant à la misère ou les contraignant à des professions stipendiées (prêteurs sur gages). Ou tant que les pouvoirs séculiers, par intérêt politique et économique, ne cèdent pas entièrement aux pressions des Églises.

Dépourvus de territoire propre et d'État, éclatés en communautés de tailles variées, sans autres liens qu'une solidarité de réprouvés, les Juifs se retrouvent en perpétuel déplacement. Soumise aux sautes d'humeur des princes et aux ostracismes et violences initiés par les autorités religieuses, leur errance révèle moins une prédisposition culturelle au nomadisme qu'elle ne souligne une migration forcée au long des siècles.

« L'histoire de ce peuple apparaît, vue du dehors, comme une perpétuelle réchappade, aussi aventureuse qu'improbable. »
Friedrich Dürrenmatt, ***Sur Israël.***

Un peuple paria

La condition des communautés juives est marquée par une hétérogénéité dans l'espace et une discontinuité dans le temps.

Protégées ici (sous Charlemagne, Louis le Pieux, ou dans l'Espagne médiévale), rançonnées là (Angleterre du XIIIe siècle), chassées d'ailleurs (France, 1394), assignées à résidence plus loin (Russie, 1822) mais rappelées plus tard là où elles avaient été expulsées, et bannies de là où elles avaient été protégées, les populations juives vivent en état d'instabilité permanente et sous la menace de violences cycliques : massacres de masse en Allemagne (1096), Espagne (1391), Pologne (1648-1649).

Leur situation est aggravée par le fait qu'elles se trouvent prises en tenaille entre leur vitalité (elles prospèrent là où un petit espace de liberté leur est accordé) et leur précarité politique, juridique (leur statut est celui d'un bien propre du monarque).

Vitalité augmentée par le sentiment de précarité de leur situation, précarité aggravée par le ressentiment, l'envie que génère, dans une dialectique infernale, leur vitalité.

C'est pourquoi l'histoire des Juifs est, selon la formule du sociologue Max Weber (1864-1920), celle d'un « *peuple paria* ». Au point qu'en Europe du Sud les Juifs eux-mêmes finirent par préférer encore leur relégation dans les ghettos, garante d'une toute relative stabilité.

La Révolution française, en octroyant pour la première fois (1790-1791) la citoyenneté aux Juifs en tant qu'individus, au prétexte de leur « régénération », fait éclater comme un coup de tonnerre de liberté et modifie leur condition séculaire.

Son défaut fut de maintenir la méconnaissance collective sur leurs richesses culturelles spécifiques en tant que peuple.

La condition, durant près de deux millénaires, des Juifs en Occident est celle d'un peuple paria.

L'antisémitisme moderne

Les préjugés antijuifs ont imprégné en profondeur la culture occidentale. À l'époque moderne, l'antijudaïsme religieux prend la forme raciste de l'antisémitisme. Celui-ci s'annonce potentiellement encore plus meurtrier.

« La mort et la vie sont au pouvoir de la langue. »
La Bible, Proverbes 18, 21.

De l'antijudaïsme à l'antisémitisme

La démocratie qui émerge au cours du XIXe siècle sur le continent reste de substrat chrétien. La perte d'influence politique des autorités ecclésiastiques laisse intacte, au cœur des combats les plus laïcs, la prégnance antijudaïque du christianisme. Le déplacement des références du discours public, qui passe du théologique au politique, n'entraîne pas la décomposition de la vindicte antijuive.
L'office de « bouc émissaire » qui a pesé sur les Juifs est reconduit. À côté de la perpétuation de l'antijudaïsme classique se développe un antisémitisme politique, social ou nationaliste, « progressiste » ou « réactionnaire ».

« Le faux conduit à l'absurde et l'absurde engendre l'atroce », **affirmait déjà le philosophe républicain Edgar Quinet au XIXe siècle. *La Révolution*, livre XVI.**

L'antisémitisme politique

Au cours du XIXe siècle, principalement en France et en Allemagne, hauts lieux de la construction de la pensée moderne, on assiste à un réaménagement argumentatif de la haine des Juifs. À gauche, faisant fi des multitudes de Juifs miséreux, le Juif devient chez Toussenel (1844), Leroux, Proudhon (en France), Marx (1843), Marr, Dühring (en Allemagne), l'incarnation du capitaliste, exploiteur des pauvres. À droite, balayant l'engagement des Juifs émancipés dans la construction des jeunes nations européennes,

il devient chez Drumont (1886), Barrès et Maurras (en France), von Treitschke (1879) et de Lagarde (en Allemagne), l'archétype du cosmopolite qui ruine les valeurs nationales. Ces nouveaux stéréotypes vont fusionner, modernité oblige, avec des fantasmagories scientistes qui servent de validation pseudo-scientifique à des discours politiques antidémocratiques.
Ce sont les théories racistes de Gobineau (1857), Vacher de La Pouge (1890), Soury (1902) (en France), de Houston Stewart Chamberlain (1899) (en Allemagne). Elles légitiment l'expansion colonialiste de cette période. Avec elles, concernant les Juifs, s'ordonne aussi un nouveau discours de la haine, qui s'orne d'images empruntées au milieu paysan (exemple : rats, doryphores) et de métaphores prises dans le lexique de l'hygiénisme pastorien (*voir* citation ci-contre). Le meurtre de masse y est déjà son implicite horizon, comme chez Paul de Lagarde. L'antisémitisme (le mot apparaît en 1879 en Allemagne) devient un programme politique.

« On ne traite pas avec la trichine et les bacilles. On n'éduque pas la trichine et les bacilles, on les extermine aussi rapidement et aussi radicalement que possible. »
Paul de Lagarde, *Juifs et Indo-Germains*, 1887.

Une mystification incendiaire

C'est de Russie, où les formes ancestrales de la violence antijuive se perpétuent – pogroms contre les populations juives pauvres des campagnes et des villes, dont le rythme augmente après 1881, accusations de meurtres rituels (Kichinev, 1903) –, qu'arrivera un faux provocateur fabriqué par l'Okhrana, la police secrète du tzar : les *Protocoles des Sages de Sion** (1905). Rédigé sous la forme d'un plan concerté de domination mondiale « judéo-maçonnique », pour déconsidérer le mouvement révolutionnaire russe naissant, il entre tellement en résonance avec les fantasmes antisémites, dont il a utilisé les constructions hallucinées, qu'il est volontiers pris pour vrai et devient ainsi une sorte de « permis de tuer ».

L'antijudaïsme ne disparaît pas avec la période moderne, il se recompose. L'antisémitisme en aggrave encore sa propension meurtrière.

Éruption d'une politique criminelle

Le nazisme n'est pas une pensée, mais un programme instrumentalisé uniquement pour la conquête du pouvoir. Le pamphlet d'Hitler, *Mein Kampf* (1925-1927), lui sert de charte.

Un fatras idéologique

La doctrine des nazis ne mérite pas d'être prise au sérieux. Elle n'est qu'un fatras idéologique jouant de la suggestion et de l'irrationnel. Sa « vision du monde », mélange d'occultisme, de mythes païens (divinités celtiques), de millénarisme politique (un Reich de mille ans), de scientisme, n'en fait pas une doctrine aux conséquences criminelles, mais l'habillage sémantique et narratif d'une intention criminelle première.

La doctrine nazie ramasse et juxtapose un agrégat d'énoncés puisés dans les productions du XIXe siècle, qui donne ses marques idéologiques à une conjuration (*voir* citation ci-contre) et à l'opportunisme qui l'accompagne. Le « mythe aryen » et l'antisémitisme (fusionnant les fantasmes antijuifs du Moyen Âge avec leur réaménagement moderne) y occupent une place centrale.

« Le national-socialisme est une conjuration qui a pour but d'établir un pouvoir, d'élargir ce pouvoir, de détruire, de dissocier, d'extirper tout ce qui se met en travers de ce pouvoir et de son extension. »
Golo Mann, préface de *La Révolution du nihilisme* (de Hermann Rauschning), 1964.

Le mythe aryen

Les Lumières, en s'attaquant à la doctrine de l'Église, avaient d'un même mouvement remis en question son anthropologie, qui faisait descendre tous les hommes d'un même ancêtre, Adam, et établissait symboliquement l'unité du genre humain. Fruit des premiers tâtonnements des sciences humaines, une nouvelle généalogie tente de percer. Proposée par des orientalistes et des mythologues germanistes suivis par des philosophes, elle affilie les populations chrétiennes à d'autres pères, à des héros non plus bibliques, mais indiens, sous le nom d'Indo-Européens (1816) ou d'Indo-Germains (1823). La nouvelle théorie, qui confond la « nature » des hommes avec leur culture, acquiert, dans la seconde moitié du XIXe siècle, une autorité internationale, avant d'être mise en doute à partir de 1890. Mais elle a eu le temps de passer dans le discours des doctrinaires racistes. Le mythe aryen devient un argument « scientifique » des antisémites. Pour les nazis, dont l'emblème, la svastika (croix gammée, symbole indien), en procède, il sert de justificatif au remaniement de la conception moderne de l'État. Leur proclamation de l'« État racial » est le tour de passe-passe sémantique destiné à détourner son rôle d'instrument de la justice pour le transformer en machine de terreur et de rapine.

L'antisémitisme

« *Si le Juif n'existait pas, il faudrait l'inventer. On a besoin d'un ennemi visible, et non pas seulement d'un ennemi invisible* », confiait Hitler à Hermann Rauschning, avant que celui-ci ne rompe avec les nazis. L'antisémitisme est à la fois le cœur théologico-politique du nazisme et un outil stratégique de domination, de corruption, de déstructuration des valeurs normatives de l'Occident christianisé, qu'il prend au piège de son antijudaïsme séculaire. « *Les peuples qui livrent leurs Juifs abandonnent avec eux leur façon de vivre déterminée par le faux idéal enjuivé de liberté qu'ils avaient auparavant* », déclare le docteur Bost, chef SS, le 27 juillet 1942. Comme l'observait la philosophe Hannah Arendt (1906-1975), l'antisémitisme nazi n'a jamais été une question de nationalisme extrême. Il a fonctionné dès le départ comme une internationale, s'assurant des complaisances et des complicités par-delà les frontières du Reich. Il ouvrait aussi la possibilité d'instituer le meurtre de masse comme ressource privilégiée de l'exercice du pouvoir.

La dynamique sous-jacente à la doctrine nazie, ce ne sont pas des idées délirantes, c'est l'établissement du crime dans le champ du politique.

Une culture de la pègre

La culture de la violence, la culture de la mort sont les traits distinctifs du nazisme. Ce sont ceux observés par ailleurs dans la pègre.

L'héroïsation de la violence

Bertold Brecht (1898-1956), dans sa pièce *La Résistible Ascension d'Arturo Ui*, comparait les nazis à des gangsters. Les travaux des sociologues et des anthropologues sur la mafia traditionnelle peuvent confirmer l'intuition de l'auteur. L'héroïsation de la violence en tant que manière d'« être au monde » est le point de similitude le plus flagrant entre la subculture mafieuse et le nazisme (qui lui est postérieur). Les règles de ruse, de férocité, de pratiques de vol et de fraude, la conception réelle de l'« honneur » fondée sur l'aptitude à la violence homicide, la pratique du double discours, de la tromperie, l'impératif de subordination, la hiérarchie fondée sur la prédominance du plus fort, la libre disposition sadique sur les faibles et les « sans-défense », la crânerie des mafieux ont leurs homologues dans la *Schwarze Korps* (l'« Ordre noir ») et la *Schutzstaffel* (la SS). « *Dans les châteaux de mon ordre grandira une jeunesse qui terrorisera le monde. Je veux une jeunesse violente, despotique, sans peur, cruelle...* » dira Hitler. L'usage de la violence homicide est indispensable

« Le travail rend libre » : l'ironie cruelle est un trait de l'arrogance criminelle des nazis.

à l'« homme d'honneur ». La hiérarchie au sein de l'« honorable société » est fondée sur l'agressivité, la ruse, la solidité des nerfs, l'absence totale de scrupules, la férocité, la capacité à prendre des décisions rapidement. L'héroïsation du « surhomme » nazi lui est homologue, quasiment terme à terme. Elle est au centre des propos d'Hitler, de Goebbels, d'Himmler. C'est encore celle de la SS, garde prétorienne et corps d'élite nazi, noyau de l'« ordre nouveau » du « Reich de mille ans ».

« Le nazisme : un appel au salaud qui dort dans l'homme. »
Kurt Schumacher, député social-démocrate allemand, 1932.

Sous le signe d'un lien mortifère

Derrière son vitalisme pseudo-darwinien (la « lutte pour la vie », le « triomphe des forts sur les faibles », etc.), l'« être au monde » nazi, comme pour la pègre, est animé d'une culture de la mort. De son héroïsation de la violence découle, inéluctablement, la polyarchie du régime, où les clans, les secteurs du pouvoir seront en rivalité féroce avec tous les autres, autant adversaires que comparses. Ce qui explique que la totale subordination au chef, le *Führer Prinzip*, est son seul garant. Ce défoulement héroïsé de l'agressivité donne la sauvagerie très particulière de la rhétorique nationale-socialiste (péjorations, dénigrements, menaces, invectives, insultes, calomnies). La chosification comme déshumanisation du lien à autrui et l'ironie cruelle comme posture jubilatoire sont caractéristiques du nazisme. L'élimination des handicapés-mentaux, les déportés désignés sous les vocables de *Stücke* (« pièces »), *Figuren* (« poupées »), *Schmattes* (« chiffons »), la réduction des déportés à l'état d'objets destructibles, les « haras humains » du *Lebensborn*, où se concoctait la fabrication d'une « race pure » par tentatives de sélection eugéniste, les expériences sadiques des médecins SS seront autant de manifestations de cette chosification. L'inscription « *Arbeit macht frei* » (« le travail rend libre ») au fronton du camp d'Auschwitz, l'orchestre qui accompagnait l'arrivée des déportés, le boyau vers les chambres à gaz, baptisé « chemin du ciel », celles-ci appelées « salles de douche », le gazage défini comme « traitement spécial » sonneront aussi comme un ricanement.

Comme dans la mafia, l'héroïsation de la violence est au cœur de l' « être au monde » nazi.

Un « savoir-faire » de gangsters

Le nazisme méprise la dignité humaine et transforme le monde en chaos. Le gangstérisme est le cœur de sa pratique. Lui seul pouvait rendre la Shoah réalisable.

Une « méthode » inédite et rodée

La technique nazie du pouvoir, ses mœurs politiques sont éclairantes. L'intimidation, la corruption, le chantage, la duperie, le racket, la compromission, la falsification, l'assassinat en sont les standards combinés. Ils ont constitué le *modus operandi* avec lequel les nazis ont assuré leur domination, stupéfié les masses, dérouté leurs adversaires, sidéré leurs victimes.

Le gangstérisme des nazis, maintes fois évoqué par les témoignages, n'est pas qu'une métaphore polémique, grandiloquente et excessive. C'est lui qui est au centre de la réalisation effective de la Shoah.

« La Gestapo de Francfort proposait à des vieilles femmes crédules de cette ville, avant leur déportation pour Theresienstadt, le choix entre un appartement ensoleillé et un autre exposé au nord, les contraignant à payer d'avance le loyer de logements fantômes. »
Claude Lanzmann, *Un vivant qui passe*, 1997.

Corruptions

La corruption ouvertement encouragée, liée à l'« aryanisation » des biens des Juifs et aux spoliations, faisait des bénéficiaires compromis (depuis le chef d'entreprise ou le financier jusqu'à la soldatesque et à l'ensemble des corps intermédiaires, fonctionnaires, percepteurs, qui touchaient une part du butin redistribué) un agglomérat social de complices. « *La corruption sans borne des fonctionnaires du régime, particulièrement en relation avec l'expropriation des Juifs* », observe l'historien allemand Hans Mommsen, « *a contribué à raréfier la critique de la déportation et de l'extermination.* » Les SS, les gardiens des camps, les membres de la Gestapo étaient recrutés dans les milieux des délinquants, des déclassés sociaux et des ratés professionnels, comme le soulignent dans leurs témoignages Eugen Kogon ou Hermann Rauschning.

Dans un mélange de bureaucratisme, de vénalité, de cruauté, les camps de concentration (travaux forcés, dépouilles des exterminés) étaient la base de l'autofinancement de la SS.

Tromperies

« *Pour être cru, un mensonge doit être très gros* », résumait le responsable de la propagande, Joseph Goebbels, en guise d'axe directeur de la pratique nationale-socialiste.

C'est ainsi que fut créé le « ghetto modèle » Theresienstadt en Bohême, trompe-l'œil destiné à être présenté aux éventuels enquêteurs de la Croix-Rouge. On choisissait des euphémismes pour désigner certains actes (« réinstallation à l'Est », « mobilisation de la main-d'œuvre », pour déportation). Des convocations étaient faites par la poste. Des déportés rédigeaient sous la menace des cartes postales avec envois échelonnés de celles-ci des mois après que les victimes furent mortes. Des panneaux indicateurs dans les camps : « vers la banque », « vers le café », « vers la poste », étaient plantés sur un parcours qui ne menait qu'aux chambres à gaz.

Un arsenal de tromperies et de mystifications utilisé comme dispositif de sidération des consciences et de neutralisation des révoltes accompagnera l'ensemble du processus d'extermination du début à la fin. Rapport d'un *Einsatzgruppen** (daté du 3 novembre 1941) : « *30 000 Juifs se sont rassemblés* [à la suite d'un appel] *et, grâce à une organisation extrêmement bien conçue, ils n'ont cessé de croire à leur prochaine réinstallation jusqu'au moment de leur exécution.* »

« Quand je pense aux visages des soldats en uniforme vert […]. Jamais rien ne m'a tant épouvantée que ces visages. Je me suis posé la question sur cette parole qui est le fil directeur de ma vie : Et Dieu créa l'homme à son image. »
Etty Hillesum, *Lettres de Westerbork*, 1988.

Les nazis appliquèrent les techniques du « crime organisé ». La corruption, l'extorsion et la tromperie en sont les caractères majeurs.

Une étape primordiale : l'isolement

Séparer les Juifs du reste des populations est un préalable au mécanisme de destruction. C'est aussi un moyen de réaliser la criminalisation de l'État.

Ordinaire à Paris, 1942.

Définir qui est juif

Dès leur arrivée au pouvoir, le 30 janvier 1933, les nazis initient un processus continu d'isolement des Juifs, en même temps qu'ils réalisent la symbiose caractéristique de l'État criminel : un mélange de bureaucratie tatillonne et zélée, de terreur obtenue par un dosage constant de menaces ouvertes et de secrets et de gangstérisme sans foi ni loi. La définition du « Juif », comme instrument juridique, en est un exemple probant. Tandis que les « scientifiques » racialistes nazis s'échinent à définir des critères biologiques et anthropométriques impossibles, c'est un critère héréditaire à caractère religieux qui est retenu. Est « présumé juif » ou « assimilé juif » quiconque a plus de deux grands-parents de confession hébraïque. Apparaissent alors des catégories de rationalisation bureaucratique extravagantes : les « quarts de Juif », les « demi-Juifs » ou *Mischlinge*, les « trois quarts de Juif », aux statuts juridiques différents. Le mot de la fin revenant à Himmler, chef suprême de la SS : « *Je demande instamment qu'aucune ordonnance sur le concept de "Juif" ne soit édictée. Avec toutes ces définitions imbéciles, nous ne faisons que nous lier les mains. Les territoires à l'Est seront nettoyés des Juifs* » (lettre au chef du bureau principal de la SS, 28 juillet 1942).

Isolement et expropriations

Le processus constamment aggravé d'isolement des Juifs s'appuie sur des mesures successives d'exclusion sociale et d'expropriations concomitantes. Marquage des appartements, des commerces et des individus par l'étoile jaune, et renvoi des Juifs de leur emploi. Ils sont d'abord exclus de la fonction publique (loi du 7 avril 1933), de l'armée, des métiers liés à la culture et à la presse, puis des professions libérales, des entreprises privées (« aryanisation » du personnel). Enfin, ils n'ont plus de droit de propriété sur les entreprises commerciales et industrielles. Ensuite sont promulguées des lois destinées à rompre les liens qui rattachent les Juifs à l'ensemble des humains (lois de Nuremberg, 15 septembre 1935). Elles interdisent les mariages mixtes, les relations sexuelles entre Juifs et non-Juifs, génériquement appelés « Aryens ». Les enfants doivent quitter les écoles, les adultes sont exclus de la protection des lois sociales et de l'allocation chômage. Puis l'administration nazie (décret du 3 décembre 1938) spolie les biens immobiliers et mobiliers : bijoux, devises, œuvres d'art. Certaines de ces mesures seront imitées dans d'autres pays (Italie, Hongrie, Slovaquie…) avant la guerre. Elles serviront de modèles dans les pays vaincus dès le début de la guerre (statut des Juifs de Vichy).

« Quand je sais qu'offrir une cigarette à un Juif ou à un prisonnier de guerre soviétique pouvait entraîner la peine de mort, alors je sais tout sur la période nazie. »
Heinrich Böll

La dernière étape

Le 1er septembre 1939, la Seconde Guerre mondiale commence. Le 19 septembre 1939, Reinhard Heydrich, chef du service de sécurité, ordonne l'expulsion des Juifs des campagnes polonaises pour les entasser dans des quartiers séparés des villes. La constitution des ghettos avait été débattue lors d'une réunion au ministère de l'Aviation, le 12 novembre 1938. La dernière étape du processus d'isolement est atteinte. Les ghettos à l'Est, les interdictions de déplacement, de permis de conduire, de radio, de téléphone, de soins, etc., à l'Ouest, finissent de couper les Juifs du reste de la population. À mesure que le Reich s'étend, l'éclosion de la Shoah s'accélère.

La promulgation des décrets antisémites ôte aux Juifs la protection de l'État due à ses citoyens. Elle ouvre la voie à leur destruction.

Un territoire hors monde : les camps

Les camps de concentration et d'extermination préfigurent l'organisation sociale du monde selon la conception nazie.

Une distinction à rétablir

En janvier 1945, les soldats de l'Armée rouge entrent dans le complexe concentrationnaire d'Auschwitz, en Pologne. En avril 1945, les soldats britanniques et américains découvrent *in situ* la réalité des camps de concentration à Buchenwald et à Bergen-Belsen, en Allemagne, ce qui vaudra une déclaration emblématique du général Eisenhower (*voir* citation ci-contre). Les populations occidentales les découvriront *de visu*, à travers les reportages cinématographiques et la presse. Les images des monceaux de cadavres et des rares survivants décharnés de Bergen-Belsen feront de celui-ci le symbole des « camps de la mort ». Sous ce terme générique se trouva alors amalgamé l'ensemble des sites de l'univers concentrationnaire : Dachau avec Auschwitz II-Birkenau, Mathausen avec Sobibor, etc., camps de concentration et camps d'extermination.

Les camps de concentration

Les premiers camps de concentration, Orienbourg, Dachau, furent créés en Allemagne, en février et mars 1933. Instruments de la terreur politique, ils prolifèrent sur le territoire du Reich, à l'initiative de factions concurrentes au sein du parti national-socialiste, pour emprisonner ses opposants : principalement sociaux-démocrates et communistes.

Après la liquidation, par les SS (*Schutzstaffel*, « échelon de protection »), de la faction SA (*Sturmabteilung*, « section d'assaut ») – « Nuit des longs couteaux », 30 juin 1934 –, les camps de la SA

« On nous dit que le soldat américain ne sait pas pourquoi il combat. Maintenant, au moins, il saura contre quoi il se bat. »
Général Eisenhower, 1945.

passent sous la direction des SS. Leur chef, Himmler, prend la direction de tout l'appareil de terreur nazi. Le décret *Nacht und Nebel* (« Nuit et brouillard », 7 décembre 1941) organise la collaboration entre l'armée – la *Wehrmacht* – et les SS. Les résistants de tous les pays dominés seront envoyés dans les camps.

À partir de 1942, l'ensemble du système concentrationnaire compte 22 camps principaux et une centaine de camps annexes, plus des petits camps provisoires, et se transforme. Il fournit à l'industrie allemande, principalement de guerre, contre rétributions versées à la SS, des centaines de milliers d'esclaves utilisables jusqu'à ce que « mort s'ensuive ».

« Les hommes normaux ne savent pas que tout est possible. »
David Rousset, *Les Jours de notre mort*, 1947.

Les camps d'extermination

L'exploitation jusqu'à la mort n'est pas la fonction des camps d'extermination, qui est l'anéantissement immédiat. À part un petit nombre, rouages de la machine d'extermination, les *Sonderkommandos**, par exemple, et ceux qui sont reversés dans des camps de concentration parce que jugés « exploitables » lors de la sélection (dans les camps « mixtes » comme Auschwitz ou Maïdanek), ceux qui arrivent ne connaissent pas la « survie ». Ils sont immédiatement exécutés, gazés ou brûlés vifs. L'origine des camps d'extermination n'est pas Dachau, mais le château d'Hartheim, où fut appliqué, sur ordre d'Hitler (octobre 1939), le programme d'euthanasie des handicapés.

Situés principalement en Pologne pour des raisons d'économie de moyens (là réside une grande partie de la population juive d'Europe) et pour des raisons tactiques (l'antijudaïsme virulent des Polonais diminue les risques de réactions négatives des populations), les camps d'extermination prennent le relais des tueries de masse sur le « terrain » (Babi Yar*, septembre 1941) effectuées par les *Einsatzgruppen** et commencées dès l'invasion des territoires soviétiques dans la forêt de Rumbuli, près de Riga.

Camps de concentration et camps d'extermination, tous territoires de la mort SS, diffèrent néanmoins par leurs fonctions.

Un instrument emblématique : les chambres à gaz

Tuer par le gaz est une nouveauté de l'ère industrielle et du meurtre de masse. L'ingéniosité criminelle nazie en a fait son instrument privilégié.

« [...] *l'air est la dernière aumône... Et si quelqu'un mourrait de faim, il aura du moins, ce qui est certes peu, respiré jusqu'au bout.* »
Elias Canetti, 1936.

Une arme nouvelle de destruction : le gaz

Le gaz au chlore fut introduit lors de la Première Guerre mondiale (1914-1918) par les armées allemandes. L'écrivain Elias Canetti (1905-1994), futur Prix Nobel (en 1981), avait d'emblée saisi la nature de cette arme de mort et quel seuil venait d'être franchi (*voir* citations ci-contre). La pratique du gazage, amorcée à Ypres, fut reprise comme technique « logique » de l'annihilation nazie. Ce fut d'abord sur les handicapés mentaux, malades congénitaux et grabataires allemands que le gazage fut utilisé, dès l'automne 1939, dans le cadre d'un programme, « Aktion T4 », destiné à éliminer les « fardeaux vivants ». Il servit de prototype à l'extermination des Juifs. Et fit environ 100 000 victimes.

Vers l'industrialisation du meurtre de masse

Puis, en décembre 1941, furent mis au point des camions à gaz. L'oxyde de carbone dégagé par les pots d'échappement était renvoyé à l'intérieur des véhicules dans lesquels étaient enfermés les Juifs raflés (bois de Ruszow, Chelmno, etc.). Environ 400 000 personnes furent assassinées ainsi. En mars 1942, avec l'« Aktion Reinhardt » (nom de code de l'opération décidée à la conférence de Wansee, en janvier 1942), s'inverse la logistique du meurtre de masse. Sous la direction de généraux SS et d'anciens responsables de l'« Aktion T4 », ce ne sont plus les camions à gaz qui sont amenés sur les lieux des rafles, mais les populations juives qui sont transportées vers des centres de mise à mort. Trois sont montés au premier semestre 1942 (*voir* carte pp. 6-7) : Belzec,

« *Alors vous montez en fumée dans les airs. Alors vous avez une tombe au creux des nuages. On n'y est pas couché à l'étroit.* »
Paul Celan, *Fugue de la mort*, 1947.

Sobibor, Treblinka, qui viennent s'ajouter à Maïdanek, camp dans lequel les exterminations au gaz commencent en mars 1942. À Belzec, trois chambres à gaz, puis six, vont fonctionner ; 600 000 personnes y seront tuées au rythme de 5 000 par jour. À Sobibor, près de 250 000 Juifs seront assassinés dans cinq chambres à gaz. À Treblinka, en près de seize mois, c'est 970 000 personnes qui disparaîtront. À Maïdanek, 200 000. Le camp d'Auschwitz deviendra, avec son extension à Birkenau à partir de 1943, le centre principal de la destruction des Juifs d'Europe occidentale et méridionale. En raison, entre autres, de sa connexion au réseau ferré européen. Le gaz utilisé n'est plus le monoxyde de carbone, mais le zyklon B, un insecticide à action rapide. Les premiers gazages au zyklon B avaient été essayés sur des prisonniers de guerre soviétiques en décembre 1941. Les problèmes administratifs d'approvisionnement et de stockage du gaz résolus, et les quatre « unités combinées » (chaque unité étant composée d'une chambre à gaz, d'une salle de déshabillage et de fours crématoires) installées, l' « industrialisation » du meurtre de masse devient effective. Dès lors, de février 1942 à novembre 1944, c'est plus d'un million de personnes qui furent ainsi gazées puis brûlées et réduites en cendres.

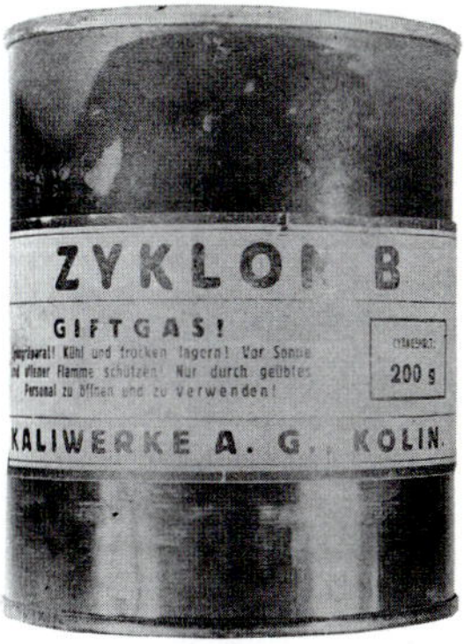

Entre les métaphores antisémites du XIXe siècle et l'emploi de l'insecticide zyklon B, il y a une continuité culturelle criminelle.

La chambre à gaz, objet « culturel » du nazisme

Loin d'être un « détail », les chambres à gaz sont l'objet culminant de la modernité criminelle de la culture nazie. Elles synthétisent et en rassemblent les principaux traits. On y retrouve l'ironie (un insecticide pour exterminer des « parasites »), la tromperie et la violence (le déshabillage pour la « douche »), le détournement de la régulation administrative pour l'assassinat, la rationalité et l'ingéniosité technique au service du meurtre de masse, l'arrogance de la toute-puissance destructrice (même pas de « dernière aumône »).

Objet d'une rationalisation expérimentale du meurtre de masse, les chambres à gaz sont le fruit de la modernité criminelle nazie.

Une métaphore qui cesse de l'être : l'enfer

Territoires institués, lieux d'une déshumanisation absolue, tels se présentent les camps.

Par-delà les débats d'écoles

Un débat d'écoles agite les historiens. Il oppose les « fonctionnalistes » aux « intentionnalistes ». Il s'agit de savoir si les nazis avaient l'intention « par principe » d'exterminer les Juifs ou si l'objectif de l'extermination est apparu « en cours de route », comme une direction unique née des conditions de la guerre. L'interrogation provient de ce qui semble une rationalisation technique progressive des méthodes et moyens mis en œuvre pour la réalisation de l'*Endlösung* (la « solution finale »). En fait, la logique psycho-culturelle du gangstérisme nazi contenait la structure de l'extermination. Les tâtonnements observables ne la démentent pas, ils l'accompagnent. Ils ne sont que la manifestation du trait de jouissance qui anime le nazisme : l'héroïsation de la violence. Avec celui-ci, c'est toujours la décision la plus violente, la pire des « inventions », qui supplantera chaque fois les autres. Le chaos mortifère et morbide des camps en est encore le témoignage.

« L'enfer n'est plus une croyance religieuse ni un délire de l'imagination, mais quelque chose de tout aussi réel que les maisons, les pierres et les arbres qui nous entourent. »
Hannah Arendt

La détresse

Au *Lager* (« camp de concentration »), le mot qui tonne à répétition n'est pas le *achtung !* (« attention ! ») de la patrouille allemande, mais le *schnell !* (« plus vite ! ») des SS et de leurs auxiliaires, les kapos*. Dès leur arrivée dans un univers dément, où la musique enveloppe les crimes les plus abominables, les déportés seront harcelés, pressurés jusqu'à l'épuisement total de leurs forces. La faim, l'absence de repères stables, le travail forcé, la violence à son paroxysme participent à leur destruction. L'espérance moyenne de vie ne dépassait pas, au camp, quelques mois. Ce qui n'importait pas aux SS, puisque les *Häftlinge* (« détenus ») étaient remplaçables systématiquement. Éviter la mort par les coups, reporter jour après jour, heure après heure, le moment de l'épuisement complet, qui signifiait l'élimination immédiate, demeurait l'unique préoccupation des déportés. C'est sur ce fond de détresse que les nazis pouvaient, par la corruption encore, organiser une hiérarchie révocable au sein des détenus, relais de la terreur SS (*voir* Kapo au glossaire).

La chosification

La chosification initie et accompagne l'extermination. Elle est le prisme par lequel un système aux fins définitives se substitue aux anciennes bouffées meurtrières antijudaïques de l'Occident. L'entassement est le premier de ses signes. Entassement des Juifs dans les ghettos, entassement par 100 ou 120 personnes dans chacun des 10 à 30 wagons de marchandises d'un convoi, entassement dans les chambres à gaz, entassement des cadavres avant leur crémation. Elle est ce par quoi la graisse humaine peut être recyclée en combustible pour entretenir les brasiers de Birkenau. Elle livre aux vivisections du docteur Mengele les cobayes humains pour ses « expériences » médicales, et au docteur Rascher les peaux humaines pour faire des selles et des sacs de dames. Elle unit chez les tueurs, dans l'odeur de la chair brûlée des brasiers et des cadavres en décomposition des charniers, l'insensibilité psychotique – aussi observée par les criminologues chez les *serial killers* (« tueurs en série ») – et les déchaînements furieux d'une lubricité sadique. « *Depuis Auschwitz, la mort signifie avoir peur de quelque chose de pire que la mort* », a conclu le philosophe allemand Theodor Adorno (1903-1969).

L'enfer des camps n'est pas la conséquence mais la preuve de l'intention criminelle nazie.

Un montage inexpiable : la toile

L'extermination est un crime collectif par nature comme par nécessité.

De multiples collaborations

La *Blitzkrieg* (« guerre éclair ») de l'extermination, centralisée par le RSHA (*Reichssicherheitshauptamt*, Office central de la sécurité du Reich), n'aurait pu être entreprise avec les seules forces de la SS et de la Gestapo. Elle n'entraîna pas pour autant la mise sur pied d'une administration parallèle pour la gestion des problèmes d'identification, de capture, de regroupement des populations juives, de leurs convoyages, de leur destruction. Sans l'implication des administrations et des différents organismes militaires et policiers allemands, sans la collaboration de l'administration et des services de police des pays occupés, sans l'intéressement de différents secteurs économiques nationaux et internationaux, elle n'aurait pas pu être menée.

Un crime également « bureaucratique »

La Shoah fut une activité intégrée dans les différentes activités des organismes d'État allemands à tous les échelons. À l'Est, la *Wehrmacht* livrait des Juifs aux *Einsatzgruppen**, participait à des exécutions collectives. Des unités de la *Feldgendarmerie*, de l'*Orpo*, la police régulière du Reich (par exemple : le 101e bataillon), prenaient part aux tueries. L'administration tatillonne des chemins de fer géra la circulation des trains de déportés sous la rubrique « trains spéciaux ». La *Reichsbahn* transporta ainsi 3 millions de Juifs, depuis les centres de regroupement (Drancy en France, Malines en Belgique, Westerbork aux Pays-Bas, etc.), appliquant, pour ses facturations, le tarif de groupe au-delà de 400 personnes... La *Reichsbank* et les services du ministère de l'Économie se chargèrent des biens récupérés devant les chambres à gaz.

« La destruction des Juifs représentait un processus total, comparable, dans sa diversité, à une guerre moderne... »
Raul Hilberg,
La Destruction des Juifs d'Europe,
1985.

La collaboration des pays occupés

Les SS enrôlèrent des volontaires lettons, ukrainiens, lituaniens, dans des corps de police auxiliaire, les *Hilfswillige*. Ils accueillirent des engagés volontaires étrangers (divisions Charlemagne, Flandre, Nordland, brigade Wallonia).

Mais c'est la collaboration des gouvernements et des administrations laissées en place qui leur fut le plus utile. C'est la police française qui recensa les Juifs, effectua la rafle du « Vél'd'Hiv » à Paris (16-17 juillet 1942), remit aux nazis, pour leur déportation à Dachau, les résistants gaullistes et communistes du bagne d'Eysses, en zone Sud. C'est Pierre Laval, président du Conseil, qui proposa aux nazis de leur livrer immédiatement « *les enfants aussi* ». Le zèle servile fut la principale caractéristique de la conception vichyssoise de la préservation de la souveraineté.

Profits criminels

« *Arbeit macht frei* » (« Le travail rend libre »), la célèbre inscription à l'entrée d'Auschwitz I pouvait se lire depuis des années au fronton des usines de l'I.G. Farben. Bien d'autres entreprises allemandes trouvèrent un avantage au système concentrationnaire et à sa provision d'esclaves : Krupp, BMW, Volkswagen, Siemens, Daimler-Benz, entre autres. Les établissements Saurer mirent au point les camions à gaz, la firme Topf fournit les chambres à gaz et les crématoires, Degesch produisit le zyklon B. Bayer comptait sur les « expériences » médicales. Les usines allemandes des américains Ford et General Motors fournirent la *Wehrmacht* en blindés et transports de troupes, et c'est dans les banques suisses que la *Reichsbank* déposait les lingots obtenus par la fonte des dents en or des cadavres.

Une chimère tissa la toile de l'extermination, composite du devoir du bureaucrate, de l'avidité mercantile et de la violence criminelle.

Sans la participation de pans entiers de la société civile européenne, l'extermination aurait été ingérable.

Aveuglements

Il n'y a qu'une seule chose que les « maîtres trompeurs » nazis ne dissimulaient pas : leurs objectifs. Des aveuglements croisés, aux motifs différents, ont laissé passer l'occasion de les arrêter à temps.

Une probabilité sous-estimée

On reste, aujourd'hui encore, devant la Shoah comme au seuil d'un monde obscur empli tout à la fois de cris d'épouvante et de silences terrifiants. Ce qui, comme le constatait le déporté Robert Antelme, demeure inimaginable pour l'entendement après le méfait accompli ne l'était-il pas *a fortiori* dans ses phases initiales ? En fait, si les conditions du meurtre de masse et de son industrialisation n'étaient pas imaginables, l'éventualité d'un crime majeur ne pouvait guère faire de doute. L'enchaînement d'aveuglements initiaux, devant la fulgurance de l'apparition du nazisme et sa victoire initiale, a aussi facilité le lancement de la machine infernale.

L'aveuglement des démocrates

Il tient autant à la culture démocratique qu'à la pratique ordinaire du parlementarisme démocratique. La mentalité démocrate, rivée à l'idée que le progrès technique était le compagnon du progrès moral, n'accordait aucun crédit à la probabilité d'une victoire électorale du NSDAP (« Parti national-socialiste des travailleurs allemands »). D'autre part, la dérive vers le clientélisme politique des partis

La synagogue de Baden-Baden, incendiée au cours de la « Nuit de Cristal », le 10 novembre 1938.

démocratiques leur suggérait de ne pas prendre au sérieux les intentions déclarées de leurs adversaires. Une certaine morgue démocratique n'a tout simplement pas cru, successivement, qu'Hitler prendrait le pouvoir, puis qu'il y resterait, enfin qu'il réaliserait son programme.

L'aveuglement des institutions chrétiennes

Depuis la Révolution française de 1789, les institutions chrétiennes, et notamment l'Église catholique, étaient majoritairement animées d'un esprit politique revanchard. Cette dernière s'était sentie dépossédée du pouvoir normatif et du rôle de directeur des consciences qu'elle avait sous l'Ancien Régime. La révolution bolchévique de 1917 en Russie et ses persécutions contre les croyants n'avaient fait qu'accroître ses craintes spirituelles et son ressentiment politique. Dès lors, les lois nazies de Nuremberg (1935), puis les lois de Vichy (octobre 1940, juin 1941) contre les Juifs, qui retrouvaient l'intégralité des directives du Concile de Latran IV* (1215) et des lois d'Ayllon* (1412), ne pouvaient, pour la papauté, que constituer une « divine surprise ». Celle du retour apparent à un ordre théologico-politique ancien doublé d'une revanche sur la République, signifiée sur le dos des Juifs. On ne comprendrait pas le silence de Pie XII, durant la Shoah, hors de ce contexte.

« Quand les Juifs, leur étoile jaune cousue sur leur manteau, étaient repoussés des abris antiaériens et contraints à se tapir dehors, dans les rues en flammes, seul un aveugle atteint d'idiotie aurait pu ignorer... »
Georges Steiner, *Langage et silence*, 1967.

L'aveuglement des populations juives

La promulgation des décrets antisémites éclairait les Juifs sur les intentions hostiles des nazis. Mais leur mémoire collective retenait les souvenirs des pogroms, les récits des exactions des cosaques ou des croisés : cris de haine, bris de verre, crépitements des flammes. Mémoire paralysante, alors. Elle faisait craindre les persécutions subies dans le passé et, en même temps, elle empêchait d'identifier ce qui se tramait. La « Nuit de cristal » (10 novembre 1938), sa centaine de tués, ses centaines de synagogues détruites, ses 7 500 magasins pillés, fonctionna, de ce point de vue, comme un leurre : la limite atteinte des violences prévisibles...

L'appréhension juste de ce qui se préparait fut limitée par des incompréhensions dues à des savoirs devenus soudain désuets.

Abandons (1) : la question des réfugiés

Aucun alibi ne peut justifier la politique d'indifférence des gouvernements démocratiques.

« Une capitulation est essentiellement une opération par laquelle on se met à expliquer au lieu d'agir. Et les lâches sont des gens qui regorgent d'explications. »
Charles Péguy

Une constante

23 novembre 1938, lettre du président américain Franklin Roosevelt : « *Je ne crois pas souhaitable ni possible de recommander que l'on modifie les contingents de nos lois d'émigration.* »
Printemps 1939, le *Saint-Louis*, navire transportant des centaines de passagers juifs fuyant l'Allemagne, erre pendant plusieurs semaines à travers l'Atlantique à la recherche d'un port d'accueil, sans en trouver. Décembre 1940, le *Salvador*, un navire chargé de réfugiés Juifs en route vers la Palestine, coule dans la mer de Marmara. Le chef du bureau des réfugiés au *Foreign Office* note : « *On ne saurait imaginer un désastre plus opportun pour mettre un terme à ce trafic.* » Juin 1944, des tractations pour sauver les Juifs de Hongrie de leur déportation imminente sont entreprises. Lord Moyne, gouverneur britannique en Égypte, déclare : « *Qu'allons-nous faire d'un million de Juifs ?* » Les négociations sont interrompues. Et l'on pourrait citer bien d'autres exemples de cette attitude.

« Décidés uniquement à être indécis, résolus à être irrésolus, rigoureusement favorables à la dérive, adeptes inflexibles de la fluidité, tout-puissants en faveur de l'impuissance. »
Winston Churchill, 1938.

Une démission

Des prémices de la guerre encore à venir jusqu'à sa fin, les gouvernements démocratiques, les organisations humanitaires internationales comme la Croix-Rouge, les leaders spirituels du christianisme comme le pape Pie XII se sont tus devant la persécution puis l'extermination des Juifs, par un « étrange paradoxe ». Le même étrange paradoxe déjà décrit par Winston Churchill lors de la montée en puissance de l'Allemagne nazie. Le *la* avait été donné lors de la Conférence internationale d'Évian de juillet 1938. Elle avait conclu au maintien des « quotas » et des législations restrictives sur l'accueil des réfugiés. Ce qui avait permis à la presse nazie d'ironiser : « *Juifs à céder à bas prix. Qui en veut ? Personne.* » Six mois plus tard, en décembre 1938, le ministre des Affaires étrangères du Reich, Joachim von Ribbentrop, était reçu à dîner en France, au Quai d'Orsay. Il avait fait savoir qu'il n'y voulait pas la présence des ministres juifs du gouvernement français, Georges Mandel et Jean Zay. Le Quai d'Orsay s'exécuta. Seul Édouard Herriot refusa par solidarité d'assister au dîner. De son côté, le gouvernement de la Confédération helvétique demandait aux nazis de mettre un tampon « Juif » sur les passeports allemands pour résorber l'afflux des Juifs persécutés à l'entrée de son territoire.

Pillés, rançonnés, exclus juridiquement de toutes protections légales, en 1938-1939, 120 000 Juifs tentent de quitter l'Allemagne. Ici, le Saint-Louis, navire de la marine marchande allemande battant pavillon du Reich, affrété pour cette émigration.

Des alibis nombreux

Plus tard, lorsque l'extermination fut connue des Alliés, les justifications d'inaction furent abondantes : le manque de bateaux, le risque d'infiltration d'agents nazis, le souci de non-discrimination entre réfugiés, la nécessité de ne pas porter atteinte à l'effort de guerre. Ces prétextes, parfois recevables mais toujours surmontables, parfois purs alibis – des centaines de milliers de réfugiés non juifs furent évacués par mer et se virent offrir des asiles au Moyen-Orient et en Afrique –, masquaient mal l'absence d'une volonté réelle de sauvetage des Juifs. La prégnance des préjugés antisémites dans les opinions publiques et les élites, la lourdeur des bureaucraties prisonnières d'habitudes de pensée traditionnelle expliquent peut-être cette paralysie des dirigeants. Mais elles ne la justifient pas.

L'inaction des démocraties devant les persécutions nazies, puis l'extermination des Juifs, suggèrent une forme implicite de consentement.

Abandons (2) : la question des bombardements

La désorganisation des déportations, au moins comme message de solidarité, n'a jamais eu lieu.

Un espoir poignant

Etty Hillesum, Juive hollandaise, dans ses *Lettres de Westerbork* – camp de regroupement et de transit par lequel, de juillet 1942 à septembre 1944, les quelque 100 000 Juifs néerlandais passèrent avant d'être déportés vers Auschwitz et Sobibor, Theresienstadt ou Bergen-Belsen –, raconte : « *D'ici, beaucoup avaient suivi le bombardement d'une ville voisine. Peut-être Emden. Et pourquoi une voie ferrée n'aurait-elle pas été touchée, empêchant le train de partir ? Cela n'est encore jamais arrivé, mais, à chaque convoi, on se reprend à l'espérer, avec un optimisme indéracinable...* » Ce fut un des espoirs les plus poignants et les plus déçus des déportés : jamais les escadrilles de l'aviation alliée, qui pénétraient en profondeur dans les territoires du Reich afin de bombarder le potentiel industriel, les nœuds de communication, les bases militaires et les villes nazies, n'effectuèrent de missions contre les voies ferrées menant aux camps d'extermination afin de désorganiser et de ralentir l'œuvre de mort.

Une mission impossible, vraiment ?

Les missions de l'été 1944 sont sur ce point éloquentes. Les rayons d'action des bombardiers américains depuis Lincoln, en Angleterre, britanniques depuis Foggia, en Italie, soviétiques depuis Poltava, en Russie, couvraient tous les sites des camps. Les bombardiers alliés survolèrent le camp d'Auschwitz le 4 avril 1944, puis le 20 août, puis encore le 13 septembre. Le 30 juin et le 6 juillet,

« Le monde de la liberté et de la justice se tait et ne fait rien... »
Dernier appel des Juifs de Varsovie, 1943.

des représentants de l'Agence juive demandèrent en vain au secrétaire du *Foreign Office*, Antony Eden, de faire bombarder la voie qui reliait Budapest à Auschwitz, afin de stopper la déportation des Juifs de Hongrie, ainsi que les camps d'extermination eux-mêmes. Dès leur première demande, malgré l'appui de Churchill, l'assistant du secrétaire américain à la Défense déclara, le 4 juillet 1944, que le bombardement d'Auschwitz « *n'était pas réaliste* ». Parmi les arguments avancés par les fonctionnaires et par l'état-major allié pour refuser de telles opérations, il fut présenté qu'un bombardement depuis une altitude de 7 000 mètres était aléatoire et que les bâtiments, de toute façon, seraient reconstruits rapidement.

Primo Levi, comme quelques autres écrivains, a, par son talent, tenu la permanence de la mémoire des déportés.

Un témoignage de Primo Levi semble réfuter implacablement ces arguments. Employé comme main-d'œuvre esclave dans une fabrique de caoutchouc en construction près d'Auschwitz, la Buna d'I.G. Farben, l'auteur explique comment il n'était jamais sorti un kilo de l'usine : « *Le chantier où l'on construisait l'usine devait entrer en fonction vers la fin de 1943, mais chaque fois que l'avis "La production du département commencera tel jour" apparaissait sur les panneaux d'affichage, la veille du jour annoncé, un avion – j'ignore s'il était russe ou américain ou autre chose – arrivait et lâchait une bombe sur la centrale thermique ou sur la centrale électrique, de façon à paralyser la production, mais sans détruire l'usine. Je crois qu'il y avait un accord entre les Alliés sur ce point, et c'est ainsi que l'usine n'a jamais rien produit...* »
L'absence de bombardements qui auraient permis de désorganiser les déportations est moins un mystère qu'un secret éventé...

Le refus des Alliés de bombarder les voies d'accès aux camps semble bien tenir à l'absence d'une volonté résolue de sauvetage.

Apathie des Juifs ?

Les interrogations sur l'apparente passivité des Juifs révèlent pour le moins une incompréhension profonde de leur situation.

Une question « naïve »

Il ne faut pas oublier l'importante diversité des conditions politiques, sociales, culturelles dans lesquelles se trouvaient les populations juives selon les pays de résidence, sans liens organiques entre elles, à l'orée de la guerre. L'état de déréliction (faim, angoisse, solitude) dans lequel se trouva plongée la masse du peuple juif prise dans l'étau nazi et enfin la vitesse avec laquelle opérèrent les nazis suffisent pour comprendre comment toute dynamique de levée en masse se trouvait exclue. Deux autres éléments peuvent être pris en compte.

Ghetto de Varsovie : familles sorties par la force de leurs maisons par les Allemands.

Une politique inadéquate et un leadership dépassé

Après des siècles de précarité et de « réchappades » (*voir* citation pp. 12-13), les communautés juives dispersées avaient pris le pli, comme seul recours devant l'adversité, d'alterner suppliques et soumission aux autorités régnantes. Leurs mandataires tentaient d'opposer des mots aux armes, la raison à la violence. Les supercheries nazies (immatriculations, « réinstallations » à l'Est) purent, dans un premier temps, laisser croire à l'utilité d'essayer de revenir à cette tradition pétitionnaire (ainsi, en France, le grand rabbin Kaplan auprès du commissaire aux « affaires juives » Xavier Vallat), ou à celle de négocier des aménagements avec l'occupant, comme le tentèrent les autorités des ghettos. L'inconcevable projet d'extermination totale rendait, par avance, chimériques ces tentatives de diminuer le plein effet des mesures d'ostracisme promulguées par les nazis. Le processus d'extermination s'accomplit ensuite à une telle vitesse (en mars 1942, les trois quarts des victimes à venir étaient encore en vie ; en février 1943, la proportion s'était totalement inversée) qu'il était trop tard pour imaginer une politique alternative qui, de toute façon, n'existait pas.

« Pour prévoir la suite des événements, il aurait fallu avoir du sang des anciens Huns dans les veines. On ne peut y parvenir avec une démarche juive. »
Calel Perechodnick, ***Suis-je un meurtrier ?***

L'écart culturel

Les Juifs ont compté, au cours de leur histoire, de grands chefs guerriers : Josué, le roi David, les Hasmonéens (dans la Bible), la Kahéna (reine berbère convertie au judaïsme), Kaula al-Yehudi, Ibn Negrella (dans l'Espagne mauresque et chrétienne du Moyen Âge). Mais l'héroïsme dans la culture juive n'est pas celui des Grecs ou des Romains. Culturellement, la virilité de l'homme juif est moins inscrite dans une esthétique guerrière qu'établie dans une éthique de la responsabilité. Elle anima le père de famille ordinaire, pour qui il ne restait guère plus qu'à accompagner les siens vers un sort incompréhensible, trop effrayant pour être perçu clairement, mais trop pressenti pour se dérober à l'impératif d'une présence protectrice, si l'éventualité en était encore possible. Elle freina initialement le recours aux armes par la certitude que la plus grande masse pâtirait des conséquences. Elle égara tragiquement les dirigeants des *Judenräte* (« conseils juifs des ghettos ») ou d'associations, comme l'Union générale des Israélites de France, emportés dans un engrenage de « collaboration » forcée et fatale. Il faut être singulièrement infatué, immature ou vantard pour interpréter, à l'instar du chef du camp d'Auschwitz, Stangl, cette responsabilité désespérée comme le trait d'un comportement de lemmings, ces petits animaux qui se jettent à la mer.

Seule l'incompréhension ou l'arrogance peuvent stigmatiser la « passivité » des victimes de la Shoah.

La résistance juive

Corrélat de la stigmatisation d'une supposée « apathie » des Juifs, on observe une durable ignorance quant à la résistance juive.

La grande oubliée

La résistance juive est la grande oubliée du combat antinazi. Cela tient en partie à l'absence de visibilité et de lisibilité de cette résistance multiforme. Mais aussi à son escamotage délibéré par les gardiens, patriotes ou communistes, de l'hagiographie de la lutte héroïque contre le nazisme.

Une résistance incomprise

Absence de lisibilité, car la résistance juive, dans les conditions de déréliction totale et d'isolement des populations juives vouées à l'anéantissement, commençait par la survie, tout simplement. *Lo amout kih'hia*, « je ne mourrai pas, je vivrai », en était le principe primordial. « *Pourquoi vous êtes-vous soustraite aux autorités ?* » demande l'officier de police hongrois chargé de l'arrestation des Juifs à Isabelle Vital-Tihany. « *Pourquoi le lièvre se cache-t-il devant les chasseurs ?* » commente-t-elle.

La mise en place de filières clandestines de sauvetage des enfants traqués, qui fit échapper des milliers d'enfants aux déportations dans plusieurs pays européens (en les cachant dans des institutions et des familles d'accueil), constituait une opération de résistance de première urgence. La fabrication de faux papiers, condition indispensable à la réalisation d'une telle entreprise, comme à celles d'autres activités clandestines, n'avait pas le côté flamboyant des actions armées, mais relevait d'une impérative nécessité.

Le sauvetage des bibliothèques juives et des rouleaux de la Torah, résistance culturelle, s'accompagna d'une résistance de témoignage : feuillets trouvés dans un flacon en verre dissimulé près du crématoire II,

***« Ne dis jamais
que tu vas
de ton dernier pas***

***Quand les jours
bleus sont écrasés
sous un ciel bas.***

***L'heure viendra
que nous avons
tant espérée***

***Frappant le sol,
nos pas diront :
nous sommes là ! »***

***Zog nit Keinmol,*
chant des partisans
juifs de Wilno.**

à Auschwitz, feuillets découverts dans une bouteille à Radom, récit du calvaire des Juifs de Plock, etc., relevaient d'un même principe contre la destruction en cours.

Groupe de partisans juifs dans un campement de la forêt de Naliboli, en Pologne, durant l'occupation allemande.

Une résistance escamotée

Absence de visibilité, car, à l'exception de l'insurrection du ghetto de Varsovie (avril-mai 1943), la résistance armée des Juifs au nazisme a été négligée. Elle ne s'insérait pas, après guerre, dans le système général de glorification patriotique des gouvernements issus de la victoire. Les révoltes des ghettos de Wilno, Bialystok, Totchin, Lachva, Czenstochow, Bedzin, les actions de partisans juifs dans les forêts d'Ukraine et des Carpates, les révoltes désespérées dans les camps d'Auschwitz, Treblinka, Sobibor sont restées ainsi grandement ignorées. Cette résistance s'est encore trouvée masquée lorsqu'elle prenait la forme d'un engagement dans les organisations nationales de résistance ou dans les forces alliées. Ainsi, en France, on a méconnu la présence des scouts juifs dans le maquis, on a peu prêté attention à l'escamotage par le Parti communiste de l'importance numérique des Juifs dans ses groupes FTP (FTP-MOI), ou les Juifs qui rallièrent de Gaulle à Londres dès son Appel du 18 juin. Le même phénomène s'est produit à l'est de l'Europe avec l'Armée rouge et les formations de partisans dans les Balkans ; ou encore avec les forces britanniques, qui pourtant comptèrent même une brigade juive autonome. Aussi, la bonne question n'est pas « les Juifs résistèrent-ils ? », mais « comment furent-ils si nombreux à combattre dans de telles conditions ? ».

La résistance juive fut importante, et surtout multiforme, pour répondre au projet d'anéantissement.

Résistances non juives à la Shoah

Résistance au nazisme et résistance à la Shoah coïncident mais ne se confondent pas.

Peuple témoin

Il est arrivé que des mouvements de résistance nationalistes livrent aux envahisseurs nazis, bien qu'ils les combattent, les Juifs qui leur tombaient sous la main ou qui cherchaient refuge auprès d'eux. Comme il est apparu que des régimes alliés de l'Allemagne aient répugné à suivre les nazis dans le meurtre de masse. Saint Augustin avait défini les Juifs comme « peuple témoin » de l'histoire chrétienne. La Shoah va conférer un sens nouveau à cette notion. Elle a mis à l'épreuve le degré de liberté des hommes devant la tentation du Mal.

Défaillances

L'« Aktion T4 » de gazage des handicapés allemands (*voir* pp. 30-31) fut stoppée par les protestations des populations et les pressions des Églises. La protection des infirmes est une constante compassionnelle de l'enseignement chrétien. La déportation des Juifs ne suscita pas une telle mobilisation. L'Église catholique fut, avec la Croix-Rouge, l'institution la mieux informée sur la réalité des meurtres de masse. Durant l'été 1942, une majorité du directoire de la Croix-Rouge voulut lancer un appel public, mais Huber, son président, s'y opposa. Gerhardt Riegner, représentant du Congrès juif à Genève, envoya en août 1942 un télégramme au Vatican sur les exactions commises, notamment les gazages ; il tenait l'information d'un industriel chrétien allemand, Édouard Schulte. Jan Karski, courrier du gouvernement polonais en exil à Londres, pénétra dans le ghetto de Varsovie (1942) et rendit compte de la détresse observée à Londres

« Quiconque sauve une vie sauve l'univers entier. »
Michnah, Sanhédrin 4, 5.

et Washington. Le nonce du pape à Bratislava (Slovaquie) prévint Rome, en mars 1942, du sort qui attendait les Juifs de Slovaquie, en cours de déportation. Kurt Gerstein, militant chrétien antinazi, rentra délibérément dans la SS. Il assista à des opérations de gazage. Il en informa, en août 1942, le consul de Suède, l'évêque protestant Dibelius, le nonce apostolique Orsenigo. Le Vatican restera trop silencieux.

Présences

En France, dès 1940, le premier réseau d'aide aux Juifs fut celui de l'Amitié chrétienne, rassemblant catholiques et protestants. La presse chrétienne clandestine, *La France continue*, *Cahier de Témoignage chrétien*, aux côtés de la presse clandestine laïque, *Le Populaire* (socialiste), *J'accuse* (Mouvement contre le racisme), appelèrent à se solidariser avec les Juifs. La Cimade protestante organisa des réseaux de secours. Mgr Saliège et Mgr Théas, évêques du Sud-Ouest, dénoncèrent les déportations. Des policiers français avertissaient des rafles. En Belgique, les policiers municipaux s'opposaient aux persécutions. En février 1941, à Amsterdam, 20 000 ouvriers se mettent en grève pour protester contre les arrestations. Au Danemark, passé sous protectorat du Reich en avril 1940, le roi Christian X et le gouvernement se refusent à introduire des lois « raciales ». Lorsque les nazis décidèrent les déportations (automne 1943), la police danoise et la police côtière refusèrent leur participation. En deux jours, les 7 000 Juifs danois disparaissaient, cachés par la population et transbordés clandestinement dans les embarcations des pêcheurs vers la Suède. Moins de 500 tombèrent aux mains des nazis. En Bulgarie, le régime entré en guerre aux côtés de l'Allemagne adopta, en avril 1941, des décrets antijuifs. Pourtant, la population et le clergé orthodoxe exprimèrent leur soutien aux persécutés. La politique d'atermoiements perpétuels opposée par le gouvernement bulgare aura raison des pressions nazies. Les 50 000 Juifs bulgares ne seront pas déportés.

La Shoah a mis à l'épreuve la profondeur du sentiment de solidarité humaine. Certains l'ont traversée mieux que d'autres.

Les Justes

Une nouvelle figure de l'héroïsme humain est née en Occident durant la Seconde Guerre mondiale – ni guerrière, ni sainte.

Définition du Juste

Les vrais résistants ont l'héroïsme modeste ; que dire alors de l'héroïsme discret, voire anonyme, des « Justes des nations ».

La notion de « Juste », popularisée par le film de Spielberg, *La Liste de Schindler* (1993), trouve son origine dans la littérature talmudique. L'homme juste est celui qui se conduit selon la justice et l'honnêteté, qui se montre généreux à l'égard d'autrui.

Selon la tradition rabbinique, le monde est sauvé, à chaque génération, grâce aux mérites de 36 Justes, qui demeurent anonymes. La légende, répandue par la Kabbale, est un thème populaire du folklore juif. Avec elle, le judaïsme a mis au centre de l'accomplissement d'actes saints la sanctification de la vie plutôt que le martyre.

Ainsi, tandis que l'Église canonise des martyrs comme le prêtre Maximilien Kolbe ou la carmélite Édith Stein, morts à Auschwitz, l'État d'Israël, prolongeant cette tradition, a créé le titre de « Justes des nations » pour honorer ceux qui sauvèrent des Juifs de l'extermination.

Quand on sait qu'un quelconque secours aux Juifs était puni par les pouvoirs collaborateurs, et que dans les territoires administrés directement par le Reich (notamment en Pologne) il était sanctionné immédiatement de mort, on mesure le courage de ces gens qui surmontaient une peur fondée et rompaient avec la tendance commune à l'indifférence ou à la collaboration, celle des corps constitués, mais aussi celle des délateurs à l'affût.

« Zekher tzaddik liverakha » (« La mémoire d'un Juste est source de bénédiction »).
La Bible, Proverbes 10, 7.

Des actions individuelles pour la plupart

L'action de sauvetage de Juifs, à quelques exceptions près, fut le fait de milliers d'actions personnelles, individuelles ou agrégées en chaîne de solidarité, accomplies par des gens qui mirent au-dessus des règlements civils la loi de l'empathie humaine et qui accueillirent, cachèrent (parfois pendant des années), aidèrent à fuir des familles entières, des inconnus traqués, des enfants en détresse. Tels furent, par exemple, le pasteur André Trocmé et sa femme Magda, grâce auxquels, avec les villageois des environs de Chambon-sur-Lignon, dans les Cévennes, plusieurs milliers d'enfants furent arrachés à leur funeste sort. Des actions menées au péril de leur vie et sans attente de reconnaissance ou d'assentiment de la part de leurs compatriotes ou des autorités. Sont, hélas, exemplaires de ce dernier cas, les destins du diplomate portugais Aristides de Sousa Mendès, en poste à Bordeaux, du consul japonais Sempo Sugihara à Kovno, en Lituanie, ou du chef de la police du canton de Saint-Gall, en Suisse, Paul Grüninger. Contrevenant aux instructions de leurs gouvernements, au début de la guerre, qui leur interdisaient de délivrer des visas aux Juifs, ils consacrèrent leurs prérogatives à cette tâche.

Ainsi, près de 10 000 Juifs pour le premier, 1 600 pour le deuxième, pas loin de 3 300 pour le troisième arrivèrent à s'échapper de la nasse dans laquelle ils allaient se retrouver piégés. Rappelé à Lisbonne, le diplomate portugais fut révoqué et mourut dans la plus grande misère. Même sort pour le diplomate japonais et pour le policier suisse. Honorés depuis comme « Justes des nations », ils ont fini par être réhabilités dans leur propre pays.

La grandeur de ces Justes, comme leur petit nombre (13 000 recensés à ce jour à travers l'Europe), sont aussi un signe tragique. Ils soulignent la solitude du courage dans l'humanité ordinaire.

Les Justes, ces héros discrets, voire anonymes, qui sauvèrent des Juifs malgré les risques encourus, furent peu nombreux et bien seuls.

Un génocide comme un autre ?

La simplification est toujours un abus ou un calcul politique face à la complexité des événements. La confusion des génocides en est une tentative.

Une querelle « politique »

La « singularité historique de la Shoah » fait l'objet depuis un certain temps de diverses querelles. On y reconnaîtra d'abord l'ahurissante rivalité des nations qui se disputent les martyrs. Nier ou affirmer la singularité de la Shoah à ce niveau peut être la conséquence du bénéfice de commisération qu'appellent les victimes dans une culture de substrat chrétien. L'affaire n'est pas neuve. Ainsi, en Grande-Bretagne, au lendemain de la guerre, lorsque les premières images des camps de concentration et des déportés furent diffusées, on nota une importante bouffée d'antisémitisme dans la population. Comme si celle-ci, héroïque sous l'avalanche des bombes nazies, avait craint d'être dépossédée de la reconnaissance de sa propre souffrance.

Ensuite, l'effet de stupéfaction qu'a produit la découverte de l'ampleur du crime l'a fait entrer directement dans l'espace public comme référence indépassable de l'abjection dans la rhétorique des slogans et de l'invective politique. Les discours tribunitiens traitent désormais aisément les adversaires de « nazis » ou s'autocongratulent facilement d'être des « résistants ».

« C'est la première fois que l'homme donne des leçons à l'enfer. »
André Malraux

Depuis, contester la singularité de la Shoah est devenu un enjeu politique chez des idéologues de gauche ou de droite. Pour les uns, elle semble diminuer l'horreur des crimes commis par des dictatures ou des politiques de terreur nationaliste (Bosnie). Pour les autres, elle diminue les crimes des régimes communistes. Cette instrumentalisation à des fins polémistes et la propension de l'espace public à se satisfaire de simplifications abusives ne sont pas acceptables.

« Il est hors de doute qu'il s'agit du crime le plus grave et le plus monstrueux jamais perpétré dans l'histoire de l'humanité. »
Winston Churchill, 1945.

Un événement sans comparaison

La Shoah n'est pas un événement historique « incomparable », elle est sans comparaison possible, elle est singulière.

D'une part parce qu'elle se présente comme un aboutissement : la synthèse unique de toutes les formes antérieures de l'exploitation, de l'oppression et de la violence extrême (esclavagisme, ethnocide, terreur politique, meurtres sadiques, déportations, marquages des victimes). Ce dont Winston Churchill avait bien pris la mesure (*voir* citation ci-contre). Elle provient de la fusion d'un antijudaïsme récurrent avec la rationalité moderne techniciste et administrative.

D'autre part, elle fut conçue comme une fracture dans l'histoire de l'humanité par ses auteurs. Annihiler les Juifs jusqu'au dernier, effacer le judaïsme, c'était vouloir faire sauter un des fondements – via le christianisme – de la civilisation occidentale, et réorganiser son origine. Hitler n'affirmait-il pas, par exemple : « *La conscience est une invention judaïque ; c'est, comme la circoncision, une mutilation de l'homme* » ?!

Mais l'extermination des Juifs était aussi un acte inaugural, l'amorce d'un monde d'exterminations successives. Une fois les Juifs disparus, d'autres peuples auraient subi le même sort : les Slaves, les Africains, etc. L'extermination commencée des Tziganes, à Auschwitz, était déjà un signe de la suite des événements. Affirmer la singularité de la Shoah par rapport à d'autres meurtres de masse, ce n'est que prendre déjà en compte ces aspects-là.

Reconnaître la singularité de la Shoah, c'est, à l'encontre des discours et calculs politiques, faire l'effort d'entendre la multiplicité de ce qui y était en jeu.

Une métaphysique de la Shoah ?

Les tentatives d'interprétation théologique de l'extermination ont l'allure triviale d'un sauvetage des constructions religieuses.

Donner du sens à tout prix

« *La consolation, c'est bien ce qu'ils désirent tous, les révolutionnaires les plus sauvages non moins passionnément que les plus pauvres piétistes.* » Cette observation de Sigmund Freud (1856-1939) sur la croyance religieuse et ses avatars, dans *Avenir d'une illusion* (1927), vaut assurément pour les diverses interprétations de la Shoah. Les tentatives de donner un sens eschatologique à la Shoah ont ceci de commun qu'elles essaient de conjurer un double effroi. Celui de l'épouvante du crime perpétré et de ce qu'il révèle de la fragilité de la notion de civilisation, et celui de la cassure qu'il inscrit dans l'entendement commun frappé de stupeur par l'énormité d'Auschwitz. Vulgaires ou poétiques, contorsions théologiques ou placages idéologiques réducteurs, ces tentatives visent à recouvrir la béance du sens qui s'est faite en Occident, à se consoler de ce dont on ne revient pas, dans le double usage possible de cette expression. C'est là une échappatoire au traumatisme dans la civilisation, à la discontinuité qu'a produite son effectivité.

Des interprétations métaphysiques

On notera au passage que les diverses interprétations proposées de la Shoah ne sont presque jamais le fait de rescapés. Quand c'est le cas, ceux-ci parlent alors du « *silence de Dieu* » (Elie Wiesel), ou même, comme Primo Levi, concluent : « *Il y a Auschwitz, il ne peut donc pas y avoir de Dieu.* » Les analyses proviennent plutôt de penseurs ou de doctrinaires qui ne l'ont pas directement subie. Parmi les interprétations qui ont cours, on pourra noter :

« Le sens d'Auschwitz est d'être insensé. »
Emmanuel Levinas

– Celles de l'Église catholique, pour qui le camp d'Auschwitz est le « *Golgotha du monde contemporain* » et l'« *Holocauste, un cadeau immense que le judaïsme a fait à l'humanité* ». Sont mis en parallèle Jésus au Golgotha et les Juifs à Auschwitz, qui meurent pour que le message de Dieu soit porté au monde, puisque « *Auschwitz construit pour la négation de la foi* » serait le résultat du triomphe de l'athéisme. L'explication laisse pour le moins dubitatif lorsqu'on sait qu'Himmler déclarait : « *Je n'ai jamais supporté aucun athée dans les rangs de la SS* » (*Discours secrets*, juillet 1944). C'est faire bien peu de cas de la souffrance subie et non consentie par les exterminés.

– Celles issues du judaïsme, plus diverses en raison du pluralisme de celui-ci. Certains rabbins orthodoxes, après avoir relu littéralement une admonestation biblique – « *Pourquoi Dieu a-t-il agi avec tant de dureté ? Parce qu'ils ont abandonné l'Alliance de leurs pères* » –, interprètent la Shoah comme le châtiment de l'Émancipation ; le philosophe Martin Buber (1878-1965), lui, élaborant un ancien concept du judaïsme, évoque « *l'éclipse de Dieu* » ; Émile Fackenheim, rabbin et philosophe, relevant le caractère sans précédent de la Shoah, la comprend comme une expérience pendante à celle du franchissement de la mer Rouge par les Hébreux. Cette dernière témoignant de la présence de Dieu dans l'Histoire, tandis que la Shoah serait l'expérience de son absence.

Renoncer à toute interprétation

Toutes ces interprétations fonctionnent comme des tentatives de rattrapage d'un sens antérieur, en perspective de son sauvetage. « *Il s'est passé là quelque chose que nous n'arrivons pas à maîtriser* », soulignait plus judicieusement la philosophe Hannah Arendt (1906-1975). De fait, il n'y a pas de place pour l'interprétation de la Shoah, puisque c'est celle-ci qui interprète en négatif l'état de la civilisation en Occident.

Les interprétations de la Shoah constituent une tentative d'effacer la discontinuité qu'elle introduit dans la représentation religieuse de l'histoire humaine.

Nazisme = communisme ? Une analogie inadéquate

Le déni de la singularité de la Shoah mène à des comparaisons erronées.

La notion de totalitarisme

La notion de totalitarisme, si brillamment développée par la philosophe Hannah Arendt (1906-1975), en mettant dans une même configuration communisme, fascisme et nazisme, a permis après la Seconde Guerre mondiale de rehausser le prestige souvent chancelant d'un système démocratique toujours imparfait. Elle a permis également de dénier au communisme sa prétention émancipatrice. Elle constitua donc un outil conceptuel essentiel dans le débat d'idées. Mais aujourd'hui, connexe à la querelle sur la « singularité » de la Shoah, la polémique politique autour de l'équivalence dans le crime du nazisme et du communisme, plutôt que de discréditer le communisme, relativise, voire dédouane partiellement la criminalité nazie. On l'a vu avec la controverse des historiens allemands (1986-1987). En effet, le chef de file des historiens révisionnistes allemands, Ernst Nolte, soutenait par exemple que le nazisme ne constituait qu'une réaction au bolchevisme, et que l'extermination n'était qu'un crime réactif par anticipation au crime communiste qui se serait préparé.

> *« Seule l'Allemagne nazie a utilisé les cheveux des victimes pour fabriquer des pantoufles et des joints d'étanchéité de sous-marins, a arraché les dents en or des personnes assassinées et les a transférées à la Banque nationale pour les exploiter, s'est servi des cendres humaines comme engrais pour la culture maraîchère. »*
> **Walter Grab, 1988.**

Éléments de distinction

Dans les faits, il y a bien des traits communs entre nazisme et communisme : système de camps de concentration, liquidation en masse des opposants, culte du chef, parti unique, exaltation de la jeunesse, complaisance avec la pègre, rhétorique de la « table rase » du passé, etc. Comme il y a également des collusions : soutien électoral du Parti communiste allemand aux candidats nazis aux élections avant 1933, pacte germano-soviétique en 1939. Et, au final, il y a aussi pour chacun un bilan de dizaines de millions de victimes.

Toutefois, les différences demeurent irréductibles. Elles sont d'abord socio-historiques : les régimes communistes furent l'échec de l'établissement de la démocratie ; le régime nazi fut l'échec de la démocratie. Les régimes communistes se sont installés à la périphérie des pays démocratiques ; le nazisme s'est installé dans leur principal centre. Elles sont ensuite paradigmatiques : le communisme prétend accomplir l'égalitarisme et l'universalisme chrétien ; le nazisme se déchaîne contre ceux-ci. Le communisme dévore ses partisans ; le nazisme est prédateur. Le goulag aggrave la pratique tsariste de la déportation ; le nazisme « invente » l'industrialisation du meurtre de masse. Le communisme est un fanatisme sanguinaire, ses crimes sont ceux de la dénégation de la réalité humaine ; le nazisme est une culture criminelle, ses crimes sont ceux de la revendication de la canaillerie humaine. Le communisme, en s'effondrant seul, laisse un « champ de ruines » ; le nazisme, vaincu militairement, laisse des traits pervers dans la culture moderne.

Dans l'eschatologie juive, Behemoth et Léviathan désignent deux monstres épouvantables. Le philosophe anglais Hobbes (1588-1679), après saint Augustin (354-430), popularisa les deux figures : Léviathan désigna l'État coercitif, Behemoth le non-État, le chaos, le désordre de l'absence mortelle de Loi. En désignant par Léviathan le communisme, et par Behemoth le nazisme, on pourrait éviter de les confondre.

L'analogie « révisionniste » du communisme et du nazisme, malgré les similitudes et l'ampleur de leurs crimes, ne résiste pas à leur analyse comparative.

L'onde de choc (1) : une vie mutilée

Le traumatisme de l'extermination retentit à travers les générations.

Un monde disparu

En 1939, la population juive en Europe s'élevait à environ 9 millions de personnes. À la fin de la guerre, entre 5 et 6 millions avaient disparu dans l'épouvante, soit près des deux tiers. À l'échelle démographique de la France d'aujourd'hui, ce serait l'équivalent de plus de 38 millions de ses habitants. Mais la froideur comptable des chiffres ne dit pas tout.

Elle ne dit rien de l'effacement de la culture yiddish, dont le sort a été scellé par l'extermination. En 1939, 7 millions de Juifs en Europe parlaient le yiddish, mélange d'allemand et d'hébreu, avec des influences latines et slaves, idiome vivant et langue maternelle de la plupart des Juifs de l'Est européen. En yiddish, on pouvait lire tous les classiques de la littérature mondiale et de la culture moderne : d'Homère à Tchekhov, de Shakespeare à Kafka, de Hegel à Nietzsche. Langue de communication, elle était aussi une langue de création – romans, pièces de théâtre, poèmes, chansons –, présente aussi dans les journaux, le cinéma, les réseaux scolaires, les universités et instituts de recherche, la politique, et dotée d'un humour très caractéristique d'un mode de vie et de sa philosophie de l'existence. Au sortir de la guerre, elle n'était plus qu'une culture de survivants trop peu nombreux pour constituer la masse nécessaire à son maintien.

Les chiffres ne disent rien non plus de l'entame faite au sentiment sécurisant d'appartenir – au-delà

« L'État existe, il n'a pas rencontré la nation qu'il avait prévue. »
Ben Gourion, premier Premier ministre d'Israël, 1954.

de ses conflits et violences inhérents – à l'espèce humaine ou de l'entame taillée par une hécatombe qui n'était due ni à la terrible fatalité d'une catastrophe naturelle, ni à l'ignoble injustice des fléaux de la guerre, mais bel et bien à une effroyable volonté d'anéantissement total et sans échappatoire. Elle fut subie dans une solitude si extrême qu'elle en est devenue une meurtrissure spirituelle, comme a pu le formuler l'écrivain Jean Améry (*voir* citation ci-contre).

« Le Juif de la catastrophe, ainsi que nous pourrions commodément l'appeler, doit se faire à une existence privée de confiance dans le monde. »
Jean Améry, *Par-delà le crime et le châtiment*, 1995.

Une nation amputée

Le 29 novembre 1947, l'Assemblée générale des Nations unies adoptait une proposition de partage du territoire de la Palestine, sous mandat britannique. La création de l'État d'Israël, rejetée par les pays arabes, ne constituait pas une « compensation » ou une « réparation » du cataclysme de la Shoah. Elle concluait seulement la démonstration de l'incapacité des États membres à assurer protection et secours à leurs citoyens juifs. Un État, dans le cadre du droit international, permet à un peuple d'assurer lui-même sa sécurité.

Le soin est revenu au mouvement sioniste (fondé en 1896), seul courant politique spécifiquement juif après la disparition du Bund (parti socialiste « autonomiste », fondé en 1897), dont les membres avaient été exterminés, d'assurer le devenir et la sécurité du peuple juif dans le concert des nations. Pensé par Theodor Herzl (1860-1904), le sionisme était le double héritier paradoxal de la Révolution française ; il en reprenait le modèle de l'État-nation, mais naissait du désaveu que la République avait fait de ses propres promesses (affaire Dreyfus). Son objectif était de donner aux populations juives de l'Est européen un abri national contre l'antisémitisme. Mais ceux pour qui cet abri avait été conçu en priorité ne pouvaient plus être au rendez-vous.

L'extermination n'a pas tué que des individus. En détruisant leur culture, elle a modifié le destin historique du reste du peuple juif.

L'onde de choc (2) : l'homme précarisé

L'onde de choc du nazisme et de ses crimes ne s'est pas arrêtée avec la fin de la guerre.

Procès de Nuremberg. Les chefs nazis, ordonnateurs de crimes abominables, n'avaient pas le visage grimaçant des monstres de carnaval.

L'échec de l'après-guerre

« *Nous avons gagné la guerre, mais nous avons perdu l'après-guerre* », a constaté Simon Wiesenthal, qui consacra sa vie à la traque des criminels nazis. Il faisait allusion au jeu cynique engendré par la guerre froide entre les démocraties occidentales et les régimes communistes dès la victoire acquise. Le procès de Nuremberg (20 novembre 1945 - 1er octobre 1946) fut l'occasion d'introduire dans le droit international la notion inédite de « crime contre l'humanité », à laquelle fut conféré un régime particulier : l'imprescriptibilité – c'est-à-dire la possibilité de poursuivre les auteurs de tels crimes sans limites dans le temps. Il était prévu que les tribunaux militaires interalliés mènent une série de 13 procès. Le premier d'entre eux permit la condamnation de 21 des principaux dirigeants nazis. Mais la dénazification tourna court, les anciens Alliés cherchant à gagner la faveur des populations des secteurs de l'Allemagne qu'ils occupaient.

Une occasion manquée

Pour les procès suivants, les Alliés avaient établi une liste de 5 000 criminels majeurs. Au moment de l'ouverture du deuxième (août 1946), leur nombre total était tombé à 185. Ces derniers disposèrent de 206 avocats, dont 136 avaient été membres du parti nazi... Au milieu de 1949, sur 3 445 100 accusations établies initialement par les tribunaux de dénazification, 300 accusés seulement purgeaient une peine. Une commission de « clémence », installée en avril 1950, révisa à la baisse toutes les condamnations prononcées. Parmi les acquittés figuraient tous les industriels, qui retrouvèrent des postes de direction. Beaucoup de criminels nazis, dont les principaux coordinateurs de la Shoah, purent fuir l'Europe, aidés par l'organisation clandestine nazie Odessa ou par les filières de l'organisation catholique Caritas. Ces parodies de sanctions, dérisoires face à l'ampleur des crimes commis, ne purent avoir d'effets éducatifs et symboliques, reconstructeurs pour les valeurs éthiques indispensables à l'exercice démocratique. Ce qui aurait dû servir le rétablissement de la civilisation se transforma en message implicite d'impunité. L'occasion collective de produire un travail symbolique, pour boucher la brèche ouverte à Auschwitz vers l'inhumanité, fut perdue.

« Le nazisme a constitué pour l'Occident une échéance historique et un épisode de déstructuration dont les sociétés contemporaines demeurent tributaires. »
Pierre Legendre, *La 901e Conclusion*, 1998.

Effets rebonds

« *Auschwitz a transformé les conditions de permanence des relations entre êtres humains* », alerta le philosophe Jürgen Habermas (né en 1929). Le nazisme a ouvert la possibilité d'un monde mortifère sans limites, où l'éthique de l'interdit fait défaut à la structuration du lien social et ne fait plus obstacle à la violence chosifiante. Présentés dans les versions contractuelles de l'offre du marché démocratique, les brouillons totalitaires du *Lebensborn* et du château d'Hartheim (*voir* pp. 18-19 et 24-25) hantent dorénavant, à leur insu, la procréation sélective et la médecine prédictive. Et que dire du clonage annoncé ? Il convient de méditer sur une image emblématique : c'était sous le camouflage d'une fausse ambulance aux couleurs de la Croix-Rouge que le gaz était livré à Auschwitz.

L'absence de pugnacité à sanctionner rigoureusement les nazis a laissé des traces dans la culture occidentale.

La question du Mal

L'autosatisfaction des démocraties n'a pu prévoir le nazisme. À quelles conditions pourraient-elles à l'avenir ne pas se laisser surprendre ?

Un défaut dans la culture

« *La véritable partie plaignante à votre barre est la Civilisation* », déclara le procureur général américain Robert Jackson devant le tribunal militaire international, à l'ouverture du procès de Nuremberg (20 novembre 1945). Mais de quelle Civilisation pouvait-il encore s'agir ? Le surgissement inédit dans le conflit politique démocratique d'un parti constitutivement criminel fut une éventualité qui n'avait jamais été envisagée par aucun des laudateurs ou détracteurs de la démocratie. Que le nazisme ait pu émerger et s'emparer de l'appareil d'État allemand constitue dorénavant un fait irrésorbable. Un tel fait impose au projet démocratique des corrections, afin que sous une forme inédite une telle gangrène ne reprenne pas. À l'épreuve du nazisme, on peut s'interroger sur les conditions qui ont présidé au désarmement de l'intelligence démocratique quant à sa capacité de discernement. Cela revient à établir l'hypothèse d'un défaut inscrit dans l'humanisme occidental : celui de la difficulté à penser et à identifier le Mal. Dans le *Protagoras*, Socrate (470-399 av. J.-C.) ne déclare-t-il pas que le Mal fait par l'homme est la conséquence d'une imperfection qui l'empêche de connaître le Bien, ou le fruit d'une illusion qui porte l'homme à croire qu'il fait le Bien alors qu'il fait en réalité le Mal ? La justification que donna Margot Asquith, la veuve du Premier ministre britannique, pour expliquer la politique d'apaisement face à Hitler est aussi éclairante : « *Il fallait répondre à la rage par l'amour chrétien. Il n'y a qu'une seule manière de*

« C'est arrivé, cela peut donc arriver de nouveau : tel est le noyau de ce que nous avons à dire ! »
Primo Levi

préserver la paix dans le monde et de vous débarrasser de votre ennemi, c'est de vous entendre avec lui. Et plus il est vil, plus il est indispensable de le combattre par d'autres armes. »

On en connaît aujourd'hui l'inconséquence et les conséquences. La Civilisation, évoquée à Nuremberg, était aussi celle qui fut incapable d'envisager l'éventualité du Mal radical.

Avec *Malaise dans la civilisation* (1929), Sigmund Freud s'en prend à l'aveuglement de la culture occidentale sur l'agressivité humaine.

Le Mal radical

En 1929, Sigmund Freud (1856-1939) fait paraître, dans l'urgence d'un pressentiment, *Malaise dans la civilisation*, un texte phare qui renverse la conception idéalisante qui a soutenu la marche de l'Occident vers la démocratie. Freud s'en prend à l'aveuglement de la morale normative qui accompagne la démocratie quant à la réalité incurable de l'agressivité humaine : « *Il est vrai que ceux qui préfèrent les contes de fées font la sourde oreille quand on leur parle de la tendance native de l'homme à la "méchanceté", à l'agression, à la destruction et donc aussi à la cruauté.* »

L'effectivité du nazisme, ses conséquences épouvantables et ses dommages durables dans la Culture, sont un rappel constant de ce que le philosophe allemand Emmanuel Kant (1724-1804) avait postulé et Freud identifié : que le Mal radical est une propension persévérante de l'espèce humaine, qu'il trouve sa résidence dans la jouissance de la « toute-puissance chosifiante ». Marcher avec cette connaissance, dans un lucide désenchantement, voilà ce qui aura manqué à la Civilisation. Elle est devenue la condition d'une vigilance vitale pour en affronter les épisodes à venir.

La méconnaissance de la propension au mal radical du genre humain a désarmé par avance les démocraties et rendu possible le nazisme.

Glossaire

Babi Yar : le complexe d'Auschwitz est devenu le plus emblématique des camps d'extermination. Le ravin de Babi Yar, à proximité de Kiev, est devenu celui des massacres de masse, perpétrés par les troupes de la *Wehrmacht*, les détachements *Einsatzgruppen**, les milices locales antisémites, sur les lieux mêmes de résidence des populations juives. « *En représailles des attentats de Kiev, tous les Juifs ont été arrêtés et, les 29 et 30 septembre* [1941], *33 771 Juifs au total ont été exécutés* » (rapport d'un chef de commando de l'*Einsatzgruppe C*). Les hommes juifs étant engagés pour la plupart dans l'Armée rouge, les victimes furent surtout des femmes, des enfants, des vieillards. Le souvenir du massacre de Babi Yar, systématiquement escamoté par les anciennes autorités soviétiques, a inspiré de grands artistes soviétiques contestataires : poème d'Evgueni Alexandrovitch Evtouchenko, symphonie n° 13 de Dimitri Chostakovitch, roman de Vassili Semenovitch Grossman (*Vie et destin*, 1960).

Concile de Latran : c'est au IVe concile de Latran, en 1215, que le pape Innocent III posa le principe d'un gouvernement théocratique. Il entendait non seulement ressaisir la plénitude du pouvoir spirituel, mais placer sous le contrôle de l'Église l'ensemble des pouvoirs politiques.
Dans cette perspective furent confirmées et renforcées les dispositions relatives à l'Inquisition, et furent créés les ordres mendiants, chargés de veiller à la pureté évangélique des royaumes. Les Juifs, tolérés en terre chrétienne en vue de leur conversion, devaient, eux, être séparés des chrétiens. À cette fin, l'imposition d'un signe d'identification sur leurs vêtements fut décrétée. Le pape Grégoire IX y ajouta, en 1240, la censure des livres juifs, et notamment du Talmud.

Einsatzgruppen : (*voir aussi* en bibliographie Raul Hilberg) l'anéantissement des populations juives s'est réalisé en deux grandes opérations successives. Dans la première, les tueurs pourchassaient leurs victimes et les assassinaient sur place. La seconde consistait à les emmener vers des lieux destinés à l'extermination. L'extermination proprement dite des populations juives débute avec l'invasion de l'URSS le 22 juin 1941. Résultat d'un accord entre la *Wehrmacht* et le RSHA, quatre unités mobiles de tuerie (*Einsatzgruppen A, B, C, D*) sont constituées. Chacune a l'effectif d'un bataillon, rassemble des membres de la SS, des différents corps de police et de sécurité, et a pour objectif de tuer sur-le-champ tous les Juifs, les permanents du Parti communiste, les aliénés. Selon l'accord passé entre la SS et la direction des forces armées, les *Einsatzgruppen*, en coordination avec celles-ci mais menant des raids indépendants, s'avançaient en territoire conquis dans le sillage immédiat des troupes, mais également sur le front même. L'existence et le fonctionnement opérationnel des *Einsatzgruppen* démentent les dénégations d'après-guerre visant à exonérer l'armée allemande de sa participation à la Shoah. En moins de cinq mois, les *Einsatzgruppen* avaient déjà assassiné près de 500 000 Juifs dans les territoires soviétiques.

Kapos : l'organisation interne des camps de concentration était scindée entre le pouvoir disciplinaire, répressif et administratif, issu de la SS, et l'encadrement immédiat des déportés, issu de la population des prisonniers. À la tête de celui-ci se trouvait le *Lagerälteste*, le « doyen des camps » choisi par la SS. Puis le *Schreibstube*, le « secrétariat », chargé de l'administration interne du camp. À la tête de chaque bloc d'habitation, il y avait le *Blockälteste*, secondé par le *Stubendienste*, service de chambrée. Enfin venaient les kapos, responsables devant le chef SS de chaque commando de travail. Anciens SA nazis tombés en disgrâce, criminels de droit commun (voleurs, proxénètes, assassins), corrompus, brutaux, dénonciateurs, ils constituaient un danger immédiat pour les déportés. Dans plusieurs camps, une lutte sourde opposa criminels de droit commun (triangle vert) et déportés politiques, notamment communistes (triangle rouge), pour l'obtention de ces postes. La victoire de ces derniers faisait reculer certains degrés de violence immédiate.

Lois d'Ayllon : les prescriptions du concile de Latran* étant restées globalement lettre morte dans les royaumes d'Espagne, les dominicains négocièrent auprès du futur roi Ferdinand les lois antijuives du 2 janvier 1412 en échange de leur soutien à son accession à la couronne d'Aragon. Composées de 24 articles, elles ordonnaient le transfert des Juifs dans un quartier clos, avec contrôle strict des sorties et déplacements, l'interdiction de tous les métiers d'administration, de tous les métiers honorables et rentables, l'obligation du port de la barbe et des cheveux longs (pour les femmes : un voile pour se cacher la tête), de vêtements taillés uniquement dans du tissu noir et bon marché, et de la « rouelle » (cercle d'étoffe, souvent jaune, imposé aux Juifs du XIIe au XVIIe siècle comme signe distinctif), de manière bien visible. Aucune femme chrétienne, pas même les prostituées, ne devait franchir le seuil des quartiers de séparation. Et aucun Juif ne pouvait plus posséder le titre honorifique de *don.*

Protocoles des Sages de Sion : les *Protocoles,* construits à la façon d'un document secret dont la découverte était censée révéler une conspiration des Juifs pour la domination du monde, fusionnaient les deux registres argumentatifs de l'antisémitisme du XIXe siècle, celui de gauche et celui de droite. La révolution et le capitalisme étaient censés être les instruments par lesquels les Juifs auraient envisagé d'établir leur suprématie. Une grande partie de l'imagerie de propagande et la caricature antisémite d'avant-guerre et durant celle-ci sont directement derivées de l'imposture des *Protocoles.* En août 1921, un journaliste britannique, Philip Graves, découvrit le « pot aux roses » et démontra la supercherie. En 1865 avait été publié anonymement à Bruxelles un pamphlet antinapoléonien : *Le Dialogue aux Enfers entre Montesquieu et Machiavel* , dû à un certain Maurice Joly. Un exemplaire du *Dialogue* fut retrouvé dans les archives de l'Okhrana et les *Protocoles* se révélèrent le plus incroyable plagiat de ce pamphlet. Il fallut encore attendre 1939 et la publication de *L'Apocalypse de notre temps,* d'Henri Rollin, pour que toute la lumière soit définitivement faite sur cette mystification. L'ouvrage de Rollin fut immédiatement interdit par les autorités allemandes dès l'occupation de la France. Cela n'empêche nullement que les *Protocoles* continuent encore à être édités et vendus à travers le monde à l'initiative des cercles antisémites ou antisionistes.

Sonderkommandos : « *L'histoire des* Lager [camps] *a été écrite presque exclusivement par ceux qui, comme moi, n'en ont pas sondé le fond* », a rappelé Primo Levi. Ceux qui l'ont fait ne sont pas revenus. Les membres des *Sonderkommandos* (« commandos spéciaux »), Juifs contraints de vider les chambres à gaz et d'incinérer les cadavres, sont ceux qui en ont le plus approché. Ils étaient périodiquement éliminés et remplacés afin qu'aucun témoin ne subsiste. Seule une poignée d'entre eux a survécu, chaque fois par d'extraordinaires concours de circonstances. Filip Müller est l'un d'eux. Son témoignage, *Trois Ans dans une chambre à gaz d'Auschwitz,* est un des rares accessibles.

Bibliographie

Les ouvrages épuisés, à consulter en bibliothèque, sont repérables par le signe ■

Témoignages

ANTELME (Robert), *L'Espèce humaine*, coll. « Tel », Gallimard, 1979.
BUBER-NEUMANN (Margarete), *Déportée à Ravensbrück*, Le Seuil, 1988.
BULAWKO (Henri), *Les Jeux de la mort et de l'espoir*, Montorgueil, 1993. ■
BOROWSKI (Tadeusz), *Le Monde de pierre*, Calmann-Lévy, 1964.
DELBO (Charlotte), *Auschwitz et après*, Minuit, 1970.
HILLESUM (Etty), *Une vie bouleversée*, Seuil, 1985.
HILLESUM (Etty), *Lettres de Westerbork*, Seuil, 1988.
KLÜGER (Ruth), *Refus de témoigner*, Viviane Hamy, 1997.
LAKS (Simon), *Mélodies d'Auschwitz*, coll. « Toledot-judaïsme », Éditions du Cerf, 1991.
LEVI (Primo), *Si c'est un homme*, Pocket, 1988.
LEVI (Primo), *La Trève*, Grasset, 1997.
MÜLLER (Filip), *Trois Ans dans une chambre à gaz d'Auschwitz*, Pygmalion, 1980.
RINGELBLUM (Emmanuel), *Chronique du ghetto de Varsovie*, coll. « Petite Bibliothèque Payot », Payot, 1995.
RAUSCHNING (Hermann), *Hitler m'a dit*, coll. « Pluriel », Hachette, 1995 (1re éd. 1939).
ROUSSET (David), *L'Univers concentrationnaire*, Minuit, 1981.
VITAL-TIHANYI (Isabelle), *La Vie sauve*, coll. « Documents », Minuit, 1981.

Documents

Amicale d'Orienbourg-Sachsenhausen, *Sachso : au cœur du système concentrationnaire*, coll. « Documents », Plon, 1982.
COURTOIS (Stéphane), RAYSKI (Adam), *Qui savait quoi ?*, coll. « Cahiers libres », La Découverte, 1987.
EHRENBOURG (Ilya), GROSSMAN (Vassili), *Le Livre noir*, Solin, 1999.
FRANK (Anne), *Les Journaux d'Anne Frank*, Calmann-Lévy, 1989.
GUTERMAN (Simha), *Le Livre retrouvé*, Plon, 1991.
KOGON (Eugen), *L'État SS*, Seuil, 1970.
KOGON (Eugen), LANGBEIN (Hermann), RUCKERL (Adalbert), *Les Chambres à gaz, secret d'État*, coll. « Points », Seuil, 1987.
LANGBEIN (Hermann), *Hommes et femmes à Auschwitz*, Fayard, 1998.
LANZMANN (Claude), *Un vivant qui passe*, coll. « La Petite Collection », Mille et Une Nuits, 1997.
LAZARE (Lucien), *Le Livre des Justes*, coll. « Pluriel », Hachette, 1996.

MARK (Ber), *Des voix dans la nuit : la résistance juive à Auschwitz*, Plon, 1982.
ROLLIN (Henri), *L'Apocalypse de notre temps*, Allia, 1991.

Études et réflexions

AMERY (Jean), *Par-delà le crime et le châtiment*, Actes Sud, 1995.
ARENDT (Hannah), *Le Système totalitaire*, coll. « Points », Seuil, 1995.
ARENDT (Hannah), *Auschwitz et Jérusalem*, coll. « Agora », Pocket, 1993.
BEDARIDA (François), *La Politique nazie d'extermination*, Albin Michel, 1989.
BENSOUSSAN (Georges), *Génocide pour mémoire*, Éditions du Félin, 1989.
BROWNING (Christopher), *Des hommes ordinaires : le 101e bataillon de réserve de la police allemande et la solution finale en Pologne*, Les Belles Lettres, 1994.
DAVIDOWICZ (Lucy), *La Guerre contre les Juifs : 1933-1945*, Hachette, 1977.
DECROP (Geneviève), *Des camps au génocide*, PUG, 1995.
FAVEZ (Jean-Claude), *Une mission impossible ?*, Payot, 1989.
FRIEDLANDER (Saul), *L'Allemagne nazie et les Juifs*, Seuil, 1997.
HILBERG (Raul), *La Destruction des Juifs d'Europe*, Fayard, 1988.
JANKÉLÉVITCH (Vladimir), *L'Imprescriptible*, Seuil, 1986.
KASPI (André), *Les Juifs pendant l'occupation*, Seuil, 1997.
KERSHAW (Ian), *Qu'est-ce que le nazisme ?*, coll. « Folio Histoire », Gallimard, 1997.
LAQUEUR (Walter), *Le Terrifiant Secret*, Gallimard, 1981.
LEVI (Primo), *Les Naufragés et les rescapés*, Gallimard, 1986.
MARRUS (Michael), *L'Holocauste dans l'Histoire*, coll. « Champs », Flammarion, 1994.
MATARD-BONUCCI (Marie-Anne), *La Libération des camps et le retour des déportés*, Éditions Complexe, 1995.
MAYER (Arno), *La Solution finale dans l'Histoire*, coll. « Textes à l'appui », La Découverte, 1990.
MOMMSEN (Hans), *Le Nationalisme et la société allemande*, Maison des sciences de l'homme, 1998.
MÜLLER-HILL (Benno), *Science nazie, science de mort : l'extermination des Juifs, des Tziganes et des malades mentaux de 1933 à 1945*, Odile Jacob, 1989.
SEMMELIN (Jacques), *Sans armes face à Hitler*, coll. « Bibliothèque historique », Payot, 1989.
SERENY (Gitta), *Au fond des ténèbres. De l'euthanasie à l'assassinat de masse*, Denoël, 1975.
SOFSKY (Wolfgang), *L'Organisation de la terreur*, Calmann-Lévy, 1993.
VIDAL-NAQUET (Pierre), *Les Juifs, la mémoire et le présent* (*Réflexions sur le génocide*, vol. III), La Découverte, 1995.

Bibliographie (suite)

WIEWIORKA (Annette), *Déportation et génocide : entre la mémoire et l'oubli*, coll. « Pluriel », Hachette, 1995.

WYMAN (David), *L'Abandon des Juifs. Les Américains et la solution finale*, Flammarion, 1987.

Documents audiovisuels

Vidéocassettes

LANZMANN (Claude), *Shoah*, Éditions René Château.

ROSSIF (Frédéric), *De Nuremberg à Nuremberg*, Éditions Films Office.

Cédérom

L'Histoire de la Shoah, cédérom, Softissimo et Endless, compatibilité PC et Macintosh.

Adresses utiles

Centre de documentation juive contemporaine (CDJC)
17, rue Geoffroy-l'Asnier,
75004 Paris.

Centre historique de la Résistance et de la déportation
14, avenue Berthelot, 69007 Lyon.

Comité d'information des lycéens sur la Shoah
78, avenue des Champs-Elysées,
75008 Paris.

Maison de la conférence de Wannsee
Gedenkstätte, Haus der Wannsee-Konferenz, Am Grossen Wannsee 56-58,14109 Berlin, Allemagne.

Musée d'Auschwitz
32-603 Oswiecim 5, Pologne.

United States Holocaust Memorial Museum
100, Raoul Wallenberg Place, SW,
Washington, DC 20024-2150,
États-Unis.

Yad Vashem, Musée du souvenir des héros et des martyrs de la Shoah,
BP 3477, Jérusalem, Israël.

Index des auteurs cités

Le numéro de renvoi correspond à la double page.

Dans la collection *Les Essentiels Milan*
derniers titres parus

141 Les Gitans
142 Surfer sur Internet
143 Les grandes interrogations morales
144 Daniel Cohn-Bendit
145 Les grandes interrogations politiques
146 Les compagnons
147 Molière, l'homme-théâtre
148 L'adoption
149 De l'impressionnisme à l'expressionnisme
150 Les grandes interrogations esthétiques
151 Mythes et mythologies de la Grèce
152 Combattre l'exclusion
153 Le génie génétique
154 Les enfants dans la guerre
155 L'effet Téléthon
156 La francophonie
157 Petit précis de philosophie grave et légère
158 Du réalisme au symbolisme
159 Le stress
160 Jean-Paul II, le pape pèlerin
161 Les grandes interrogations de la connaissance
162 L'Algérie
163 Du baroque au romantisme
164 La police en France

Dans la collection *Les Dicos Essentiels Milan*

Le dico du multimédia
Le dico du citoyen
Le dico du français qui se cause
Le dico des sectes
Le dico de la philosophie
Le dico des religions
Le dico des sciences
Le dico de l'amour et des pratiques sexuelles
Le dico de la psychanalyse et de la psychologie

Dans la collection
Les Essentiels Milan Du côté des parents

1 Le sommeil des bébés
2 Apprendre avec l'écran
3 Devenir parent d'adolescent
4 Pour une nouvelle autorité des parents
5 L'école maternelle
6 Les vrais dangers qui guettent l'adolescent
7 L'appétit des bébés
8 Comment va-t-il apprendre à lire ?
9 Devenir bon en mathématiques
10 L'intelligence de votre bébé…
11 Parent de fille, parent de garçon
12 Les passions de vos ados

Responsable éditorial
Bernard Garaude
Directeur de collection – Édition
Dominique Auzel
Secrétariat d'édition
Élise Oudin
Correction – révision
Élisée Georgev
Iconographie
Sandrine Batlle
Conception graphique
Bruno Douin
Maquette
Didier Gatepaille
Infographie (carte)
Isocèle
Fabrication
Isabelle Gaudon

Flashage
Exegraph

Crédit photos
Centre de documentation juive contemporaine : pp. 3, 18, 27, 32, 35, 41 / Tilarci-Giraudon : p. 10 / Lapi-Viollet : p. 23 / Giansanti-Sygma : p. 37 / Selva : p. 38 / Collection Viollet : p. 54 / Explorer-Mary Evans . - Sigmund Freud : p. 57

Aubin Imprimeur, 86240 Ligugé. – D.L. mai 2002. – Impr. P 63477